Dans la même collection

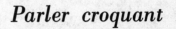
Parler croquant

Claude Duneton

Parler croquant

STOCK + PLUS

Je suis né paysan.

Ce n'est pas un titre de gloire. Ce n'est pas non plus une métaphore. Je ne veux pas dire par là que mes grands-parents possédaient cinq cents hectares d'une riche province française et qu'ils faisaient cultiver leur bonne terre par des fermiers polis qui saluaient en ôtant leur casquette, que j'ai passé d'heureuses vacances d'enfant dans leur grande maison aux fenêtres hautes et aux meubles de noyer profond, et dont je garde pour toujours la douce nostalgie aux échangeurs d'autoroutes et aux tours des cités nouvelles. Non. Cela ne signifie même pas que j'aime par-dessus tout la rêverie champêtre, la respiration des bois, les fleurs sauvages, ou bricoler dans mon jardin écologique.

Je suis né paysan, de parents paysans, pauvres, mal logés, mécontents de l'être. J'ai été élevé sur des collines maigres qui n'avaient même pas la chance de sentir le thym ou la lavande. En Corrèze, la lumière est blême, il pleut souvent, la boue est rougeâtre et colle aux sabots — ça sent la mousse, les feuilles, l'eau... et les tas de fumier.

La terre, je l'ai fuie, à grande allure, comme on fuit la misère. J'ai laissé les labours, les moutons, les vaches, pour travailler au chaud l'hiver — devenir fonctionnaire avec des millions d'autres. J'ai eu une enfance de paysan dans un pays sauvage que les Français ne savent pas toujours bien situer. On sait — quelque part vers le Centre ? Le Limousin ?... A Paris, il y a vingt ans ça faisait tellement mauvais genre d'être Corrézien, qu'il valait mieux éviter d'annoncer cette couleur-là. Aujourd'hui, les gens commencent à se renseigner : les cages, n'est-ce pas, la pollution... On commence à jeter un œil, l'été, vers nos bruyères et nos châtaigniers. Un -retour du bâton, en somme. Mais c'est une autre histoire...

1

Le dernier des Mohicans

Je suis allé à l'école pour la première fois un matin de printemps, à la rentrée de Pâques. Nous étions plusieurs à monter au village avec nos mères. Il faisait beau temps, il y avait des pâquerettes au bord de la route, nous avions nos tabliers neufs qui se boutonnaient par-derrière, nos cartables neufs... C'était l'aventure.

Ça serre le ventre l'aventure ; alors, soudain, Fernand a eu besoin de faire un petit caca. Il a fallu s'arrêter à mi-côte pour l'attendre pendant qu'il faisait son besoin dans le pré, avec sa mère qui criait parce qu'on allait tous être en retard à cause de lui, et qu'elle n'avait rien pour l'essuyer. Je regardais les petites fesses blanches de Fernand — ça commençait mal pour lui... Sa mère l'a torché avec une touffe d'herbes et on est reparti.

Dans la cour de la petite école, ce fut le remue-ménage habituel avec la gêne, les présentations timides : nos mères nous confiaient. Nous n'étions d'ailleurs que quatre ou cinq nouveaux ; les autres étaient des grands et des grandes, j'en connaissais plusieurs... Nous avions tous des sabots, des jambes nues, des têtes rondes, aux crânes plus ou moins rasés, des visages plus ou moins ahuris... Mes copains. Au moment de se mettre en rang sous la cloche, un des nouveaux s'est fait remarquer. Il était tout petit, vif, rieur, pas intimidé du tout par sa première visite ; l'institutrice l'a tout de suite appelé « Trois-Pommes ». Nous étions tous rassemblés devant la classe, qu'il faisait encore le clown en dehors de la file. Il trouvait cela cocasse de voir tout le monde agglutiné, il n'avait pas saisi le sens du cérémonial. La demoiselle lui expliquait gentiment qu'il devait se mettre sur le rang comme les autres, mais il se rebiffait : « *Qué me vòl ?* » répétait-il (« Qu'est-ce qu'elle me veut ? »). C'était le fou rire général sur le rang, parce que voilà : Trois-Pommes ne connaissait pas un seul mot de français. Sa grande sœur tâchait de faire l'interprète. Elle est allée le chercher, lui tirant le bras. Elle était rouge de honte dans son tablier à carreaux, qu'il fasse cet esclandre. Elle l'avait pourtant prévenu qu'il faudrait être sage, et tout !

Je regardais Trois-Pommes avec étonnement. Pour lui non plus ça ne commençait pas tellement bien. Nous avions six ans tous les deux. Il venait d'un autre hameau, dans les bois, et j'avais sûrement dû le voir à la messe, plusieurs fois, mais on ne nous avait jamais présentés.

Ce fut là mon premier étonnement sur le langage — j'en ai eu plusieurs depuis. Certes, nous parlions tous patois, les conversations sur la route ne s'étaient pas faites autrement. Moi un peu moins que les autres parce qu'à deux ans une maladie grave m'avait valu un long séjour dans un hôpital à Paris. J'avais donc par hasard appris à parler français en premier lieu et mes parents avaient continué sur cette lancée. Cependant, tous les enfants passaient automatiquement au français dès qu'ils étaient dans la cour de l'école — Trois-Pommes me paraissait bizarre de ne pas même comprendre « la langue comme il faut ». Ce que je ne savais pas, c'est que la chose était naturelle à l'époque, qu'il était fréquent qu'un enfant arrive à l'école sans connaître autre chose que le patois — de plus en plus fréquent du reste à mesure qu'on remontait dans le temps : trente ans avant nous, c'était tous les enfants qui arrivaient ainsi pour leur premier matin de classe. Puis, de génération en génération, ils apprenaient un peu le langage entre cinq et six ans, surtout après la guerre de 14-18. En fait, Trois-Pommes et moi, nous représentions symboliquement, et sans nous en douter, le tournant du siècle : en ce matin d'avril 1941 j'étais là, devant la classe, le premier enfant de la commune à se présenter dont le français était la langue maternelle ; il était, lui, le dernier qui arrivait à l'école sans en connaître un seul mot. Trois-Pommes, c'était un peu, en quelque sorte, le dernier des Mohicans...

Et l'eau de rose...

Alors que parlions-nous, là-bas, dans les collines ? J'ai dit « le patois » parce que c'est le terme sous lequel on nous obligeait à désigner notre langue — et à en croire le vocabulaire courant, tout ce qui n'était pas du français était du patois. C'est une vue commode qui a été imposée abusivement aux populations françaises, mais c'est une vue un peu simpliste. Chacun sait que du Limousin à l'océan Atlantique, aux Alpes et à la Méditerranée, existe une langue romane que l'on appelait autrefois la langue d'oc, puis que des nécessités politiques ont fait ne plus appeler du tout, et que les linguistes modernes désignent sous le nom d'occitan. « C'est là, me dira-t-on, une querelle de mots ! Occitan, patois, où est la différence ? » La différence est énorme ! Un patois, dit le *Robert*, est un parler local, employé par une population généralement peu nombreuse, souvent rurale, et dont la culture, le niveau de civilisation, sont inférieurs à ceux du milieu environnant. Parler local ? Population peu nombreuse ?

L'occitan est la langue de toute la moitié sud de la France ! En 1930, il était encore parlé par quatorze millions de Français ! C'est aller un peu vite dans la définition ! En fait, un patois est une forme abâtardie ou non évoluée d'une langue. Qu'il existe en France de véritables patois, c'est certain — ce sont en particulier les formes altérées du français, telles qu'on peut les rencontrer en Normandie, en Picardie, en Bourgogne et même en Ile-de-France — encore que cela mérite discussion et qu'il faille se garder d'assimilations trop hâtives : un grand nombre de termes populaires de la Région parisienne sont en réalité du bel et bon français ancien, sottement tenu à l'écart.

Avant le xive siècle, dit Littré, il n'y avait point en France de parler prédominant ; il y avait des dialectes et aucun de ces dialectes ne se subordonnait aux autres. Après le xive siècle, il se forma une langue littéraire et écrite, puis les dialectes devinrent des patois. En réalité, cette analyse, du reste un peu schématique, s'applique à la partie nord de la France — c'est le dialecte de l'Ile-de-France proprement dite, domaine royal, qui est devenu la langue française, et c'est pourquoi l'on peut parler à juste titre de patois picard ou normand. « Une langue est un dialecte qui a réussi, un patois est un dialecte qui s'est dégradé. » (A. Brun.) Cette définition ne s'applique pas au breton, langue celtique propre, ni au basque, ni à l'alsacien — ni à l'occitan ! Ou alors il faudrait dire que l'espagnol est aussi un patois.

Je n'ai pas l'intention de décrire l'occitan, car les occitanistes modernes — tels que Robert Laffont — l'ont merveilleusement fait et continuent à le faire. Je rappellerai simplement que c'est une langue écrite, avec ses règles, sa grammaire, dont la littérature a été particulièrement riche au Moyen Age. En fait, elle a précédé et influencé la littérature en ancien français. Pour des raisons essentiellement politiques, le français est devenu peu à peu la langue d'Etat, conquérant ainsi la suprématie, et tout récemment le monopole, alors que l'occitan a continué de vivre, sans d'ailleurs jamais cesser de s'écrire, surtout par tradition orale parce qu'il n'était pas ou peu enseigné. Mais l'occitan n'est pas un patois, terme « qui exprime la grossièreté des gens qui parlent ce langage ». Il est possible que certains idiomes méritent ce qualificatif méprisant — si l'on tient absolument à mépriser quelque chose, on peut toujours — mais certainement pas l'occitan structuré et qui sait être d'une grande politesse ! Par sa nature même, un patois ne distingue pas plusieurs niveaux de langage ; l'occitan a des niveaux : on peut y dire les choses avec vulgarité ou avec délicatesse, avec des tours archaïsants ou des formes modernes. Il y a — ou plutôt il y avait — un niveau quasi aristocratique dans les échanges. Certaines grand-mères — la mienne paraît-il — s'exprimaient avec recherche en occitan ! A-t-on jamais vu un patois produire des poésies lyriques, qui, si elles ont un défaut, c'est bien leur préciosité ? Un patois peut servir à conter des gaudrioles, et s'il y a chanson, des chansons paillardes ou bouffonnes, je veux bien, mais pas les ritournelles que l'on chantait encore quand j'étais petit :

L'aiga de ròcha
Te farà morir,
Pichona,

L'aiga de ròcha
Te farà morir !

« Cette eau de rose te donnera la mort,
fillette, cette eau de rose te fera mourir ! »
Les amoureux de nos régions vallonnées
priaient encore il y a trente ans à peine dans
une tradition séculaire :

Je te prie, montagne, abaisse-toi !
Et toi, vallée, remonte aussi.
Vous m'empêchez d'apercevoir Jeannette
Qui est mon amie.

Bien sûr, en français de salon, ce serait
Phylis, ou Chloé, ou une autre pimbêche.
Et non Jeannette ! Marie non plus, ni Marguerite ni aucun nom porté par ces dames
en toute civilité ! Le français a d'autres
flèches à son carquois, et ce sera l'objet de
ce livre.

Il est certain aussi que l'occitan était déjà
une langue malade, sans doute même au
début du siècle, une langue assassinée, déjà
figée, dans les collines dont je parle : ce
n'était pas une raison pour l'insulter — nous
insulter ! Le renouveau actuel de la langue

occitane a des raisons bien plus profondes qu'un vague engouement folklorique ; les écrivains et les professeurs qui tâchent de lui redonner sa dignité sont bien autre chose que d'aimables farceurs nostalgiques. Il est heureux que l'occitan soit enfin enseigné dans les lycées et les facultés du Sud et qu'une littérature contemporaine se développe. Ce sursaut d'un peuple est venu un peu tard pour mon copain Trois-Pommes, et c'est dommage. Il est entré dans la classe, il a appris la honte, comme sa sœur Denise qui avait l'impression, soudain, d'avoir amené un petit singe à l'école — il a perdu, pour toujours, sa gaieté.

L'ambassadeur de France

Toujours est-il que la génération de nos parents arrivait à l'école sans connaître le français, et que la plupart de leurs grands-parents mouraient sans l'avoir appris. Ce sont les lois de 1881, avec la création de l'enseignement obligatoire, qui ont apporté le français chez nous. Mon père a assisté à la construction de l'école du village, vers 1892. La langue française s'est peu à peu répandue dans la masse. La Première Guerre mondiale, en faisant visiter le Nord à tous les hommes valides de la commune, fraîchement catéchisés, a produit le brassage linguistique nécessaire à l'acceptation naturelle de la langue nationale — au moins pour ceux qui sont revenus porter la bonne parole et ne figurent pas sur la liste du monument, en face de l'église ! Leurs aventures ont été les premiers récits où le français était employé — par la force des choses — dans les familles ; les commentaires des batailles se faisaient bien sûr en occitan, mais les vieux rapportaient fidèlement les dialogues héroïques : « *Lo capitene nos disiá :* Soldats ! vous allez monter à l'assaut !... » Il me semble que les Algériens, qui content aujourd'hui à leurs familles leurs tribulations de chantier ou de commissariat, doivent procéder de cette même façon bilingue.

Les glorieuses aventures avaient d'ailleurs commencé bien avant pour les hommes, à cause du service militaire obligatoire, de sorte qu'au début du siècle tous les adultes compre-

naient et parlaient plus ou moins le français ;
mais c'était une langue des dimanches, la
vie quotidienne se déroulait en occitan, lequel
continuait à être transmis intact par les femmes. En effet, il ne serait venu à l'idée de
personne de s'exprimer en français à la maison, car cela aurait fait mauvais genre, prétentieux, ridicule, un peu comme si un père
de famille actuel faisait un séjour aux Etats-
Unis et qu'il revienne en affectant d'avoir
pris l'accent américain. Cela explique que
les jeunes enfants, sortant très peu de la
ferme avant l'âge scolaire, n'aient pratiquement jamais eu l'occasion d'entendre du français, bien que leurs parents puissent l'utiliser
pour des occasions exceptionnelles en dehors
de chez eux. Ce n'était d'ailleurs pas le cas
pour tout le monde. Dans le village de ma
mère il y avait la Filloux, morte en 1912,
qui ne savait pas un mot de français. Il y
avait aussi le vieux Tienne, mort bien après
la guerre, mais qui n'en savait pas davantage, n'étant jamais allé plus loin que le chef-
lieu de canton. Evidemment, les foires et mar-
chés se sont faits en occitan jusqu'en 1950
au moins. Mais il y a eu régression : avant

la guerre de 14, les foires de Brive ne se faisaient pas en français, et n'importe qui pouvait entrer dans une boutique de la ville et faire ses achats en occitan. Après 1918, la chose est devenue de plus en plus rare, et aujourd'hui on n'entend plus guère que le français à Brive, même sur le champ de foire.

Mais alors, qui parlait français dans les communes ? Eh bien ! les notables. La commune n'étant pas grande, les notables n'étaient pas nombreux : c'était exclusivement le curé et l'instituteur, encore que tous deux fussent bilingues. Le curé Goudriat était bien obligé de confesser les vieilles en occitan, mais en règle générale il répondait en français même si l'on s'adressait à lui dans l'autre langue. Quant à l'instituteur Bordas, le « Monsieur », c'était autre chose. Il représentait la France, tout simplement : la culture, le pouvoir, en un mot la civilisation, et il réglait sa conduite en accord avec ses très hautes fonctions. Bien que d'origine modeste et forcément de langue maternelle occitane lui aussi, il refusait avec hauteur et un certain mépris d'utiliser cette langue de plébéiens.

C'est lui qui tenait à la considérer comme un patois et qui a imposé le mot. Il menait son monde à la trique — littéralement. Il y avait dans la classe un long gourdin avec lequel il frappait généreusement sur le dos des récalcitrants analphabètes. Je dois dire qu'il s'agit là de l'instituteur de mes parents ; par la suite je n'ai personnellement été battu qu'à mains nues, à une époque plus douce. Mais ces premières générations étaient, paraît-il, assez dures, et leur francisation a dû être menée tambour battant. Naturellement, l'occitan était rigoureusement banni de l'école, puisque le premier devoir du maître militant était de le chasser ; il était en poste dans ce but, d'abord et avant tout. La cour de l'école, c'était un peu le territoire de l'ambassade, une enclave en somme, et l'on devait y parler exclusivement français. L'occitan était laissé au portail, on le reprenait à la grille en sortant, c'était la règle. Naturellement, ils trichaient, nos parents, ils parlaient un peu en jouant — il est difficile de faire une partie de barres uniquement en langue étrangère. Avec l'excitation du moment, des mots, des phrases partaient ! Mais c'était interdit : si M. Bordas entendait l'ennemi, il mettait le nez à sa fenêtre et envoyait le coupable en classe, avec les mains sur la tête. Le plus souvent, il l'obligeait à tenir une brique à bout de bras pendant une heure et davantage. C'est arrivé à ma propre mère plusieurs fois, entre 1908 et 1912, et c'est pourquoi, quoique s'exprimant bien en langue française, elle a parfois aujourd'hui une curieuse appréciation des beautés littéraires d'un langage qu'elle a si chèrement appris. Je parlerai des goûts artistiques de ma maman beaucoup plus loin.

Les notables du chef-lieu de canton étaient, eux, bilingues. Les plus importants étaient sans aucun doute le juge et le notaire. Un acte notarié se discutait d'abord en occitan dans l'étude du notaire, puis se transcrivait en français une fois l'entente établie entre les parties, suivant en cela une tradition séculaire pour tous les actes officiels de la vie — depuis François Ier pour être précis. Il en va de même encore aujourd'hui pour les délibérations du conseil municipal, qui se font d'abord en oc, puis que le secrétaire de mairie transcrit en français sur le registre.

Disons qu'à l'époque un avocat de Brive utilisait exclusivement le français dans sa vie professionnelle, mondaine et familiale, mais connaissant l'occitan, il lui était possible de s'adresser dans cette langue à ses fermiers et métayers des communes voisines, ou conseiller un client de la campagne. Il pouvait se faire aussi qu'il soit même un occitaniste lettré, et qu'il écrive des poèmes occitans pour une revue félibre — mais c'était alors une exception. Pour donner une idée assez juste de l'évolution des deux langues dans mon village, je dirai qu'avant et pendant la guerre de 14 le vieux médecin Serroux donnait toutes ses consultations, à domicile, en occitan, mais que le Dr Faige, qui lui a succédé après 1918, auscultait les malades qui lui décrivaient leurs maux en oc, mais auxquels il répondait, lui, en français. Enfin, depuis les années 50, la plupart des médecins locaux ne connaissent même pas l'occitan — les pharmaciens toutefois l'emploient encore à l'occasion.

La France francophone

La situation que je viens de décrire dans ma commune est en gros valable pour l'ensemble du département de la Corrèze à la même époque, à l'exception de la ville de Brive elle-même, mais en tenant compte que la moyenne et haute Corrèze étaient encore beaucoup moins francisées que la partie basse, dont je suis.

Je prendrai à témoin ce que dit Yvon Bourdet, dans la *Revue française de sociologie*, au sujet de sa propre enfance, en 1925, dans un village situé curieusement à dix kilomètres de chez moi, à vol d'oiseau, mais plus à l'écart, plus haut dans les terres, donc moins ouvert aux courants nouveaux :

« En classe, on apprenait une langue nouvelle, mais on ne la parlait pas. Un jour, un nouvel instituteur ayant voulu imposer le français dans la cour de récréation, ce fut la stupeur et la paralysie ; *le français n'était pas une langue d'usage pour parler entre nous sérieusement* ; c'eût été transformer les jeux en conventions de théâtre ; nous nous

25

croisions en ricanant et ne communiquions que par gestes ; si nous disions quelques mots en français, c'était pour en accentuer le caractère inadapté et dérisoire. L'instituteur dut renoncer. »

Cette situation reflète assez bien aussi, je crois, les grandes villes, exceptées celles de l'Occitanie tout entière. Il faut savoir enfin que le Pays basque, la province catalane et la Bretagne (bastion celte, en y comprenant la Vendée) n'avaient pas un sort différent. Quant à l'Alsace et la Lorraine, chacun sait bien à quel prix elles sont venues se joindre au concert, quarante ans après les lois Jules Ferry — et je ne parle pas des cent mille Flamands, pris entre leur frontière belge et la Somme, car ils étaient peut-être plus avancés que nous. Au total, les estimations démographiques comptent qu'en 1930, environ dix-sept millions de Français parlaient autre chose en plus de la langue nationale — parmi lesquels quatorze millions d'Occitans et un million de Bretons. Dire que dix-sept millions de personnes parlaient aussi autre chose, cela signifie, pour être plus précis, que cette autre chose était leur langue

26

maternelle. En effet, s'ils parlaient une langue différente, ils n'avaient pas appris celle-ci ailleurs que dans le milieu familial. Si le milieu familial parlait, par exemple, le breton, c'est que c'était la langue maternelle de la mère, et qu'elle s'était adressée au bébé, puis au petit enfant en breton. Mon propre cas est assez exceptionnel — ce n'est pas tout le monde qui passe l'âge de la formation du langage dans un hôpital, et qui plus est, à Paris ! De toute façon, mes parents parlaient occitan entre eux et j'ai eu tout le loisir par la suite d'en faire ma langue.

C'est important cette notion de langue maternelle. Les psychiatres de l'enfance se demandent si les modes d'imitation des parents n'entraînent pas chez le bébé l'adoption de qualités profondes — peut-être même inconscientes de ceux-ci. Je cite en passant « Jacobsen » cité par Richter [1] : « Les observations d'enfants ne laissent guère de doute sur le fait que l'enfant commence de très bonne heure à répondre aux gestes de sa mère, aux modulations de sa voix... et à

1. *Parents, enfant et névrose.*

les imiter. Il est permis de supposer que la simple imitation de ces modes d'expression affectifs des parents peut influencer notablement l'enfant dans sa propre manière de s'extérioriser pour induire chez lui des phénomènes affectifs identiques. » Sans entrer ici dans des détails d'ordre psychanalytiques, il n'est pas douteux que la langue de la mère laisse chez un individu une empreinte profonde. Même si le bilinguisme est précoce, il est certain que les charges affectives les plus fortes seront portées et transmises par la langue de base de la mère, et non par la langue qu'elle a elle-même acquise à un âge avancé, à l'école — ou plus tard. Il reste que la deuxième langue — le français en l'occurrence — sera toujours perçue, ne serait-ce même qu'inconsciemment, plus ou moins comme une langue étrangère.

Si nous revenons aux chiffres, compte tenu de l'exode rural qui, entre 1900 et 1930, a commencé à vider les campagnes au profit des villes où le français était exclusivement parlé, de l'alphabétisation intensive, et des brassages de la guerre, on constate qu'il y avait bien plus de dix-sept millions de personnes qui parlaient une langue régionale au début du siècle. Une péréquation prudente fait passer le chiffre pour 1896 à environ vingt-cinq millions de Français pour qui la langue française était, comme dans mon village, une langue étrangère !

Ce genre de considérations peut froisser notre patriotisme, aussi je m'avancerai prudemment : la France comptait, en 1896, trente-neuf millions d'habitants. Où se trouvaient donc, au début du siècle, les quatorze millions de francophones qui restent ? Eh bien ! dans les grandes villes, Lyon, Marseille, Toulouse, Bordeaux, et dans les provinces françaises depuis toujours, les Pays de la Loire, la Bourgogne, la Champagne, la Normandie et naturellement l'Ile-de-France — l'Angleterre s'étant séparée de cette communauté linguistique vers 1430, ne la comptons pas ! Or, comme la population de ces provinces était à cette époque aux trois quarts formée de paysans, et que ces paysans, par la nature des choses, étaient plutôt incultes, il est raisonnable de penser que nous devons encore soustraire du nombre de francophones plusieurs millions d'individus qui ne s'exprimaient que dans d'authentiques patois picard ou champenois et qui ne participaient pas à la vie du français proprement dit. De soustraction en soustraction, qui, en France, au début de la scolarisation obligatoire, parlait vraiment l'idiome national à l'état de langue maternelle ? Le peuple de Paris, la population autochtone des grandes villes et en général la grande bourgeoisie de toute la France. Disons, au plus, cinq à six millions de personnes. Si l'on veut bien considérer que ce chiffre inclut le prolétariat des villes et par conséquent une forte proportion d'illettrés, il est permis de se demander, en définitive qui, en France, parlait, à cette époque, depuis ses plus tendres années, le bon français clair et pur que M. Bordas, l'instituteur de mes parents, tâchait à grand renfort de coups de gourdin, de faire entrer dans le crâne un peu rétif de ses élèves occitans. Quelques dizaines, quelques centaines de milliers de personnes ?... La France, au fond, était-elle vraiment francophone ?

Mais alors, dans ces conditions, d'où venait ce français que le maître trouvait dans des livres ? De ces quelques milliers de personnes ?... Ce n'est pas possible — le français est une langue de haute culture, sa réputation avait déjà fait le tour du monde, depuis longtemps — nous étions les derniers à en profiter, mais ce n'est pas une raison ! C'est là un autre de mes étonnements sur le langage : qui a fait, au juste, ce français que nous parlons ? Car enfin, l'anglais est la langue du peuple d'Angleterre, il le parle depuis des siècles, et le français devait bien être la langue de quelqu'un ! Oui, mais on ne peut pas dire que c'était véritablement la langue du peuple de France. Pas en 1880. Alors de qui ? Je trouve que Trois-Pommes aurait dû poser la question, tant qu'il y était, ce jour d'avril 1941, avant d'escalader les marches. Il aurait dû se faire présenter le menu. Ah ! il avait six ans, et moi aussi ! A cet âge-là, on ne peut pas penser à tout.

Eh bien, si ! Il faut se rendre à l'évidence : la langue française, c'était au début du siècle la langue d'une infime minorité de la population française. C'est curieux à dire, mais la France n'est francophone que depuis cinquante ans à peine !... La haute bourgeoisie de notre pays avait, depuis des siècles, une

31

langue à elle, une belle langue, réputée, qu'elle s'était faite toute seule, en secret. Elle en avait déjà fait présent à plusieurs cours d'Europe, quand tout à coup, au début de ce siècle, elle en a fait cadeau aux Français. On comprend mieux, dès lors, certains caractères qui font la particularité du français dans le monde : les traités de prononciation par exemple. J'ai beaucoup étudié, plus tard, la prononciation française, et j'extrais ce passage instructif d'un ouvrage très connu, qui fait autorité mais qui surprend toujours mes amis non avertis, car ce sont les premières lignes de l'introduction à l'ouvrage de Maurice Grammont, dans une édition de 1961 : *La Prononciation française*, traité pratique (Librairie Delagrave, 1914).

« Cet ouvrage est destiné essentiellement aux étrangers et aux provinciaux qui veulent se perfectionner dans la bonne prononciation française ou se renseigner sur elle. Toutes les personnes compétentes reconnaissent aujourd'hui que cette prononciation française *est celle de la bonne société parisienne,* constituée essentiellement par *les représentants des vieilles familles de la bourgeoisie.* C'est celle-là qu'on s'est efforcé de décrire dans ce traité. »

Mes amis trouvent en général ce passage désagréable. Ils savent que l'on doit prononcer des « a » ouverts, des « a » fermés, telle consonne ici et pas ailleurs, mais ils ne savent pas pourquoi. Apprendre que c'est uniquement parce que « les vieilles familles de la bourgeoisie » de Paris prononcent ainsi, les gêne. Bien sûr, mais il faut être juste : où donc auraient-ils pu trouver leurs références, Maurice Grammont et les autres phonéticiens et grammairiens ? Dans le Berry ? En Occitanie ? Ils ne pouvaient pas les prendre ailleurs que là où l'on parlait le français, et depuis longtemps ! Il n'y avait pas d'autre endroit que « la bonne société parisienne » puisque la langue venait de là !

Je reconnais d'ailleurs que c'est une situation qui a de quoi surprendre. C'est pourquoi je me suis attaché à essayer de définir dans le chapitre suivant les grandes lignes de l'évolution historique qui a conduit à cet état de fait insolite : notre langue nationale nous vient d'une poignée d'aristocrates parisiens.

2

« *L'Auguste des Français* »

Chacun sait bien comment les choses ont commencé. Il suffit de rappeler que vers les années 1000, les dernières invasions digérées, les pays qui forment aujourd'hui la France se trouvaient répartis selon deux grandes catégories de dialectes romans : la langue d'oïl au Nord, la langue d'oc au Sud. Il faut noter que pendant plus de trois siècles, les provinces du Nord sont soumises à deux suzerains de langue d'oïl : le duc de Normandie qui — ce n'est pas négligeable, c'est même très important — étend le domaine de la langue dans son royaume d'Angleterre, et qui commande aussi en Anjou, Poitou et Touraine, d'une part ; d'autre part, les rois capétiens dont la puissance toute théorique au début, en dehors de l'Ile-de-France, ne cessera de grandir et de s'étendre, de proche en proche. Leur dialecte, le francien, sera ainsi appelé à jouer un rôle prédominant au fur et à mesure que l'autorité et la richesse des suzerains s'affirmera sur leurs vassaux. La Bretagne, elle, pendant cinq siècles encore demeurera un royaume à part avec sa langue et ses lois.

Pendant deux cents ans, ces deux langues développent deux littératures parallèles. La poésie lyrique s'affirme d'abord en oc avec les troubadours, puis la mode littéraire se répand au Nord, où elle inspire les premiers contes de la chevalerie. Chrétien de Troyes, à la cour de Champagne, invente les premiers romans courtois dans une langue d'oïl déjà accomplie, vivace et spirituelle. La langue d'oc produit de longs poèmes lyriques au style fleuri et d'une grande richesse d'images.

Pourtant, ce sont les provinces du Nord qui sont les plus riches ; on y construit de hautes cathédrales, de puissantes abbayes. Bientôt, les Capétiens dominent militairement le Sud. C'est au XIII\ :exe siècle la sinistre croisade contre les Cathares. En 1271, le comté de Toulouse est réuni au royaume de France.

Jusque-là, rien de grave pour les deux langues. En 1323, les écrivains d'oc fondent l'académie des jeux floraux à Toulouse, qui contribue à entretenir le mouvement littéraire occitan. On rédige grammaire et poétique de la langue d'oc.

Un siècle et demi plus tard, c'est la fin du Moyen Age. La puissance royale s'est considérablement étendue. De nombreuses provinces du Nord ont passé sous son autorité après la guerre de Cent Ans. L'Angleterre est désormais coupée du continent et va donner naissance à une culture anglo-normande originale. Faits importants pour la langue du Nord, qui perdant ses déclinaisons, est devenue le français. Des légistes se sont formés qui répandent une prose judiciaire solide. Il y a eu les mystères, les premières farces, et aussi Rutebœuf et les rhétoriciens. Il y a eu Villon...

Mais la fin du xv⁰ siècle connaît un événement capital : l'invention et le développement de l'imprimerie. Ce fut la cause principale du triomphe de la langue royale, la seule qui sera imprimée et qui voit dès lors sa diffusion accélérée. C'est la Renaissance, le début de l'humanisme. Le français s'enfle de latin, de grec et d'italien. La création d'un Etat moderne par François Ier amorce le processus de relative centralisation. En 1532, la Bretagne passe sous la domination française.

La langue du Nord devient langue officielle par l'ordonnance de Villers-Cotterêts de 1539, qui prescrit l'emploi exclusif du français dans les pièces juridiques du royaume. Le bilinguisme s'installe alors définitivement chez les clercs, dans les provinces méridionales. Il a déjà commencé chez les juristes, les nobles et les bourgeois lettrés, surtout dans les villes. (Lyon, Montpellier, Aix, Toulouse) ; le peuple continuera pendant des siècles à pratiquer uniquement l'occitan.

Le XVIe siècle est l'époque de véritable formation de la langue française qui commence à être un peu codifiée. Les nécessités de l'imprimerie obligent à une première fixation relative de l'orthographe. Marot invente la première règle : celle de l'accord des participes avec l'auxiliaire « avoir ».

Il faut noter pourtant que le français ne s'enseigne pas encore ; il est donc libre de s'enrichir, de pousser comme un arbre dans le tourbillon d'un siècle bouillonnant. Les universités n'enseignent que le latin et le grec. Le véhicule de la pensée c'est le latin. En somme, au travers des guerres, de l'agitation créée par la Réforme, de l'importance grandissante de la cour, le français n'est pas trop marqué par les pédants. Il sert au divertissement et demeure plein de sève et de joyeusetés. Seul élément intellectuel — et très important : les écrits protestants de Calvin sont en français, l'Eglise réformée l'ayant adopté comme langue du culte. C'est pour la langue l'occasion de son premier cheminement profond dans le peuple. Il est probable que si la doctrine calviniste avait triomphé, cela aurait eu une influence capitale sur l'évolution du français moderne, qui serait considérablement plus populaire qu'il ne l'est.

Il reste que le XVIᵉ siècle est une époque de vitalité extraordinaire pour la langue française — époque de grande littérature aussi... Rabelais, bien sûr — la Pléiade, évidemment. Mais ce qui caractérise ce siècle par rapport à ce que nous avons connu par la suite, c'est que l'Etat, en dépit des velléités du Prince, est encore loin d'être centralisé, la création littéraire non plus, pas plus que la langue. L'humanisme ne se développe pas seulement à Paris. Paris est une ville parmi les autres, certes la plus grande du royaume par sa population de deux cent cinquante mille habitants, mais ce n'est pas encore le centre unique des beaux-arts ni de la pensée philosophique. Le groupe de Fontenay-le-Comte en Vendée, le groupe de Meaux, le groupe de Lyon avec Louise Labbé, la cour de Navarre avec Marguerite sont les centres d'activité créatrice importants. La cour elle-même erre de château en château sur les bords de la Loire, les poètes et les musiciens à sa suite. C'est de cette époque que date la légende demeurée dans le peuple selon laquelle le français le plus pur et sans accent est celui des bords de Loire. Le peuple a raison, c'est cette langue pleine et chaude qui est la sienne. La sève populaire est là ; dans cette poésie pourtant savante, palpitante sous l'écorce, elle alimente le jet.

Marot est de langue maternelle occitane. Bien que son père soit lettré, poète en français et Normand, Clément n'apprend le français qu'à l'âge de dix ans, lorsque la famille quitte Cahors pour se rendre « en France ». Sa poésie porte la marque de cette influence.

En 1549, Du Bellay publie la *Deffence et illustration de la langue française* : c'est le manifeste de l'enthousiasme pour la création d'une langue authentique. Avec le groupe entier de la Pléiade, il défend l'idiome devenu national contre ceux qui le condamnent aux besognes serviles, hommes d'Eglise ou régents de collèges, humanistes qui ne jurent qu'en latin. La langue sera enrichie, on accueillera les archaïsmes, les néologismes, les termes de métier, on absorbera les éléments utilisables des dialectes ou des parlers locaux. Oui ! parfaitement ! On puisera dans le peuple pour lui faire une jolie langue qui ait de l'éclat et du goût au palais ! On croit rêver !...

Hélas ! ce n'était qu'un manifeste. Le siècle suivant a étranglé tout ce qu'il contenait de vitalité et de promesses, et ces écrivains de génie n'ont pas eu le temps d'aller jusqu'au bout. Il reste que leur production est aujourd'hui la seule qui parle aux gens. Quatre cents ans n'ont pas effacé la fraîcheur de certains sonnets de Ronsard. Peut-on en dire autant d'un poète du xviiie siècle ? Et Noël du Fail ?... Pourquoi ne parle-t-on jamais de Noël du Fail ? Parce que c'est l'inventeur du roman réaliste. Il est hobereau breton, et il écrit des *Propos rustiques, baliverneries, contes d'Entrapel,* parus en 1584, où il décrit la vie paysanne d'un village. Il fait parler les gens ! Il note tout bonnement leur conversation. C'était là aussi une fameuse ouverture ! La promesse d'un genre autrement fertile et passionnant que la clinquaille qui allait venir !

Car les temps changeaient. La littérature et la langue française en pleine floraison allaient savoir de quoi était faite l'idéologie politique du xviie siècle ! « Enfin Malherbe vint !... » comme on dit dans les manuels.

Après les crises profondes, un roi fou, la guerre civile et le premier échec de la Réforme protestante, c'est-à-dire d'un certain espoir démocratique, Henri IV installe la cour à Paris et reprend le royaume en main. Il en mourut. La France était située trop bas sur la carte sans doute, trop près du

42

bonnet du pape. Le roi mort, les grands ténors de l'âge classique entrèrent en scène : Richelieu, Louis XIII, Louis XIV...

Le règne de Louis XIII, c'est l'histoire d'une dictature réussie. Richelieu est l'homme qui a implanté le pouvoir absolu en France. Traditionnellement, nous tirons gloire de cette évolution qui est curieusement présentée à la foule comme un événement heureux et capital de notre histoire, parce qu'il a permis au pays de devenir momentanément la première puissance mondiale sous la direction d'un pouvoir fort. Lorsqu'on évoque la résistance à l'absolutisme, on ne fait pratiquement allusion qu'à celle des grands seigneurs du royaume et à la soumission qui suivit.

Richelieu fait décapiter le duc de Montmorency ! Quelle autorité ! Quelle victoire ! Cela flatte nos sentiments républicains que les nobles aient dû se soumettre. Bien sûr, mais en même temps les parlements de province se sont eux aussi laissé étouffer. Et l'appareil répressif et policier du dictateur qui mate la France entière, en parle-t-on comme il conviendrait dans les livres de classe républicains, que les petits Français apprennent depuis plus d'un demi-siècle ? Ce qui est étonnant, c'est que l'on passe presque sous silence la résistance acharnée du peuple à ce viol. L'histoire de France a tout de même été écrite par des cocardiers qui n'ont voulu voir, dans les conséquences de la dictature de ce qu'ils appellent le « Grand Siècle », que la gloire militaire, le renom de la France, son rayonnement factice... L'idée de grandeur ! On ne présente qu'en passant et avec une sorte de détachement désinvolte la lutte du peuple qui refusait le despotisme et l'extrême misère qui a résulté de la folie des princes.

Mon propos n'est pas d'éclaircir dans le détail un tableau confus, mais il est utile d'avoir à l'esprit la toile de fond politique et sociale de ce « renforcement du pouvoir royal ». Il suffit de citer quelques faits au hasard d'une histoire officielle : « Les impôts dépassaient vite la capacité du pays à cause de la faiblesse de la production et de la médiocre productivité. Le royaume est toujours à la limite des subsistances et la famine y est endémique. Paysans et ouvriers sont

44

donc toujours prêts à la révolte... A Paris, a lieu la révolte des compagnons (1633) ; à Lyon, le peuple saccage les bureaux de la Douane (1633-42) ; à Rouen, un savetier conduit les ouvriers cordeliers et papetiers à l'assaut du bureau des Fermes (1634, année de fondation de l'Académie française). Les insurrections des paysans prennent les proportions d'une guerre civile. En 1636, les « croquants » en Limousin, Poitou, Angoumois, Gascogne, Périgord, s'insurgent, dépècent vivant un commis des aides, mettent en pièces un chirurgien qu'ils prennent pour un collecteur d'impôts. En 1639, les « va-nu-pieds » se soulèvent en Normandie...

« Il fallut envoyer les armées du roi ; quatre régiments à Lyon eurent recours à des pendaisons ; l'armée du duc de La Valette alla réprimer la révolte des croquants, qui se firent tuer sur leurs barricades de La Su-vetet-d'Eymet (juin 1637, année de l'enregistrement officiel de l'Académie française) ; Gassion, avec quatre mille soldats, se rendit à Caen, où les chefs des séditieux furent rompus vifs ; à Rouen, le chancelier Séguier (membre influent de l'Académie française), fit exécuter les révoltés, interdit le parlement et la cour des aides, puis abolit la mairie et l'échevinage, qui n'avaient pas sévi. » L'auteur de l'article de mon encyclopédie conclut froidement : « L'énergie de Louis XIII et de Richelieu, qui en pleine guerre firent front partout, et la force des armées royales vinrent à bout des révoltés [1]. »

Très bien. Mais il est tout de même surprenant que ces événements soient présentés sous la rubrique : « L'Œuvre de Louis XIII et de Richelieu ! » Est-ce pour souligner la peine qu'a eue le bon roi à venir à bout de l'obstination de ses sujets ?... L'histoire de France a décidément été écrite de façon bizarre. Il est curieux que l'on présente les jacqueries aux jeunes écoliers paysans comme de vulgaires petites révoltes de vilains mal élevés, qu'on les fasse se réjouir lorsque les seigneurs répriment les rébellions de la manière la plus féroce. C'est comme nous, petits Occitans, lorsqu'on nous parlait de la croisade des Albigeois. Le fils de Philippe

1. *Histoire de France,* 2 vol., Librairie Larousse, 1954.

Auguste qui faisait pendre et brûler les Cathares, puis qui annexait le Sud à son royaume, c'était une merveille ! On nous faisait applaudir implicitement. Personne n'a eu l'idée de nous dire : « Attention, il s'agit de vos ancêtres ! Vous subissez encore les conséquences de ces tueries ! » Non, ça ne vient pas à l'esprit.

De la même façon, on se réjouissait que Richelieu réprime durement la révolte des « croquants » — alors que ce terme de mépris est resté vivant jusqu'à nos jours, et qu'il sert encore à insulter nos familles. Que le cardinal puisse mettre les protestants à la raison, les parlements à la raison ? Quel grand homme ! On nous fait assister à la montée du pouvoir absolu comme s'il s'agissait de notre plus grande gloire personnelle !

J'imagine assez bien Hitler vainqueur et les petits Franco-Allemands d'une Europe unifiée apprenant dans trois cents ans d'ici que : « Les Anglais et les Américains débarquèrent en Normandie, mais après une lutte acharnée sur les côtes, la merveilleuse armée du Führer repoussa les envahisseurs à la mer, pendant que la police réprimait énergiquement les révoltes des traîtres terroristes à l'intérieur... Le Reich était sauvé », dirait l'histoire officielle. Et les petits Limousins apprendraient le résumé sur leur joli manuel illustré de photographies d'époque : « Le brave général Lammerding vient à bout des fanatiques. A Tulle, il fait pendre une centaine d'ouvriers révoltés, et il rase entièrement Oradour-sur-Glane, faisant brûler la population avec le village (juin 1944). »

C'est exactement l'esprit dans lequel l'histoire du xviiᵉ siècle est enseignée aux petits Français. J'ai longtemps cru que la Fronde était cette ridicule mascarade dont on m'avait parlé, et qui avait fait bien peur au jeune Louis XIV. Voyez-vous ça ! Faire peur à un enfant de cet âge... Et mon encyclopédie note à la rubrique « Conséquences de la Fronde » : « La guerre civile avait mis la plus grande partie de la population dans une affreuse misère. Dans les campagnes, les hommes mangeaient de la terre, des écorces, des haillons, se mordaient les bras et les mains. Les cadavres, laissés sans sépulture après les combats, infectaient l'air. La peste ravageait les affamés. La France se dépeupla. »

Bien sûr, les intellectuels, ceux qui font plus tard des études approfondies, prennent quelquefois leurs distances. Mais le peuple, lui, en reste là : « Conséquences de la Fronde. » On ne dit pas : « Conséquences du despotisme royal ! » Il faut conclure à part soi : « Voilà où conduit l'indiscipline, la révolte ! Rien ne serait arrivé si les Français avaient obéi sans murmurer au bon roi qui travaillait inlassablement à la grandeur de la France !... » C'est un peu curieux, non ?...

Faut-il penser qu'au début de la IIIe République, les historiens n'avaient pas bien digéré les insurrections toutes proches de la Commune ? Qu'ils ont établi pour l'instruction des masses, une vision prudente de l'histoire et qu'on a « oublié », depuis, de rectifier le tir [1] ?

1. Pour être précis, les nouveaux manuels d'histoire qui commencent à être en usage dans les classes rétablissent un peu la vérité. C'est heureux pour les écoliers de 1973, mais cela fait néanmoins cent ans de retard.

Toujours est-il que c'est dans ce climat de dictature qu'il faut replacer l'évolution des mouvements littéraires et de la langue elle-même au XVIIe siècle. Le « génie de Richelieu » est d'avoir compris qu'il lui fallait non seulement imposer ses lois par la force, mais également en se rendant maître des hommes qui pensent et écrivent. Car le vent de la subversion ne soufflait pas seulement chez les croquants du Limousin. Il était nécessaire de protéger les dévots contre les libertins, et, d'une façon générale, de « gagner les cœurs et les esprits » à l'idéologie nouvelle.

Du reste, dans cette glorieuse entreprise de « protection des arts », le cardinal avait des alliés de choix. En effet, Malherbe était venu !...

Malherbe est arrivé à Paris en 1605. Il avait cinquante ans. Cet homme, aigri par les revers, parvient enfin à force d'intrigues et de flatteries à s'introduire solidement auprès du roi, prêt à toutes les servitudes. Il aide Henri IV vieillissant à tourner des vers pour ses maîtresses et devient poète officiel inébranlable. Après avoir longtemps imité

Ronsard — sans l'atteindre — ce rimeur froid et médiocre se charge avec une belle servilité de néophyte de l'éloge des grands et de leur politique. L'ordre du jour était-il à la remise en ordre d'un royaume déchiré ?... Malherbe se chargea de mettre de l'ordre aussi dans la langue française. Il avait mis du temps à s'installer à la cour, il entendait y rester.

Donc, à l'élan vital des poètes de la Renaissance qui évoque peut-être encore trop les troubles de la Réforme, il oppose une doctrine autoritaire qui s'appuie sur la pensée logique, la rigueur grammaticale, l'épuration. Juriste de formation, il formule le code, édicte les règles. En 1610, l'Académie de l'art poétique définit ce que devra être la langue du XVIIe siècle. Malherbe décide l'exclusion des influences des langues régionales sur la langue française qu'il veut pure (ça rappelle des choses : il aurait pu dire aryenne tant qu'à faire). L'exclusion du parler du peuple et de tous les vocabulaires techniques qui ne sont pas ceux de la cour et de la haute société parisienne (tiens, tiens !...). Il érige en loi la langue des gens du monde, que les écrivains sont mis en demeure d'utiliser à l'exclusion de toute autre.

On comprend qu'une telle doctrine fondée sur la centralisation et le despotisme soit devenue providentielle dans les années qui allaient suivre. Malherbe donnait le ton, l'évolution politique ferait le reste, d'où son influence profonde et tristement durable dans une époque fascisante. Cela marque le début de la coupure radicale entre la langue française et le peuple de France. La langue allait désormais évoluer dans le milieu aristocratique et restreint de la cour ainsi que de la bonne société parisienne — et forcément, elle sera profondément marquée par cette croissance en vase clos.

Donc, de victoire en victoire, Richelieu décide, dans l'agitation sociale qui régnait dans les années 1630, de doter le régime d'une institution officielle qui, sous son contrôle étroit, pourrait censurer efficacement et au besoin orienter la production littéraire. Il crée, en 1634, l'Académie française. Déjà, en 1626, un édit avait interdit aux imprimeurs autres que ceux de Paris et de Lyon, d'imprimer autre chose que « des livres d'heures, de catéchisme et des thèses de doctorat ». Comment s'appelle ce procédé quand il est pratiqué de nos jours en Espagne ou en Grèce ?... Par ailleurs, comme il faut tout de même informer le public, en 1631 paraissait le premier hebdomadaire d'information : *La Gazette*, fondée par Théophraste Renaudot. « Sorte de journal officiel, elle était destinée à empêcher plusieurs faux bruits qui servent souvent d'allumettes aux mouvements de séditions intestines. » Richelieu lui transmettait les nouvelles. Louis XIII, premier journaliste de France, « corrigeait les articles et même en écrivait, de précis et d'un peu secs », notent sans la moindre ironie les ouvrages de référence [1]. Pourquoi, d'ailleurs, ironiserait-on ? Tant qu'à prendre des vessies pour des lanternes, autant le faire jusqu'au bout !

Belle hypocrisie aussi, que cette fameuse « protection des arts » ! Les nouveaux académiciens se sentaient tellement « protégés », qu'il y eut des heurts sérieux et plus que des réticences pour fonder ce qui a été, en

1. *Op. cit.*

fait, la première commission de censure d'un régime absolutiste. Même les sympathisants du régime se récusèrent au début. Il fallut que le ministre oblige Voiture, par exemple, et Balzac à assister aux séances. En fait, autour de quelques écrivains enrôlés de force pour le prestige, la première Académie se composait des espions du cardinal et de ses collaborateurs directs — Séguier, celui qui exécuta la même année les ouvriers révoltés de Rouen. Du reste, le porte-parole de Richelieu, Chapelain lui-même, est très clair : « Son Eminence, par un ordre particulier, a voulu être consulté sur tous les prétendants, afin de fermer la porte à toute brigue et ne souffrir dans son assemblée que des gens qu'il connaisse ses serviteurs. » Le rôle de l'Académie française doit être « de faire de la langue et de la littérature française les premières d'Europe », et pour cela de veiller à ce que la langue soit pure, c'est-à-dire « que les écrivains n'emploient aucun mot qui ne soit reçu à la cour ». De fait, dès sa création, le nouvel organisme publie en même temps : *Le Parnasse royal*, à la gloire des « immortelles actions du très chrétien et très victorieux monarque Louis XIII », et aussi *Le Sacrifice des muses*, « éloge collectif du grand cardinal de Richelieu ». Le tableau était complet.

On pourrait dire que j'exagère, qu'il faut faire la part des choses, que Richelieu aimait sincèrement les arts, qu'il faut tenir compte de l'époque... Quelle époque ? Quelle part des choses ? Mais Hitler aussi aimait sincèrement les arts il n'y a pas si longtemps ! Lui aussi voulait faire de la littérature allemande la première d'Europe..., et qu'elle soit pure ! A ce compte, il faudrait faire aussi la part des choses pour notre XX° siècle, car les dictateurs ne procèdent pas autrement de nos jours ! Qui a dit que les dignitaires nazis n'aimaient pas la belle musique ?... Il est absurde de vouloir, pour l'excuser, replacer à tout prix la dictature au XVII° siècle dans des mœurs, dans une quelconque « mentalité de l'époque », puis faire semblant de croire que cela était naturel ! Alors, où allons-nous replacer les nôtres, de dictatures ? Où faut-il replacer Mussolini et les autres « guides » à venir ?... Richelieu était contraint à ces extrémités parce qu'il faisait en même temps la guerre à l'Empire ? En voilà une jolie sornette ! Hitler aussi était en guerre, et menacé. Lui trouve-t-on pour cela des circonstances atténuantes ?... Ce qui est incroyable, c'est que nous sommes encore influencés par la propagande officielle des écrivains fascistes à la solde de nos rois. Il y a tout de même quelque inconséquence à fusiller Brasillac d'une main, et à encenser Boileau de l'autre, sous un fallacieux prétexte historique ! Mais précisément les martyrs de Lyon, de Rouen, de La Sauvetet-d'Eymet, ils ne replaçaient pas la chose dans leur époque, eux ! Ils ne faisaient la part de rien du tout, ils se défendaient ! Le roi d'Angleterre, voyant que ça marchait si bien en France, a voulu faire la même chose dans son pays. Les Anglais ont-ils prudemment « replacé les choses dans leur époque » ? Considéré que compte tenu de leur mentalité, de leur XVIIᵉ siècle et du courant de l'histoire, ils devaient le laisser faire ? Non, ils lui ont coupé la tête, tout simplement ! Par parenthèse, on comprend tout l'intérêt que pouvait avoir en France une gazette strictement contrôlée par le gouvernement royal

— et une censure efficace. Il aurait été assez fâcheux que de telles nouvelles se répandissent librement, Dieu sait avec quels commentaires ! Il était hors de question de laisser fonder un journal à Scarron, par exemple [1].

Il faut dire, à l'honneur du Parlement, que celui-ci lutta deux ans avant d'enregistrer officiellement l'Académie : il ne le fit, le couteau sous la gorge, qu'en 1637 ! Il était temps ! Corneille venait d'écrire *Le Cid !* Une tragédie qui exaltait le prestige d'un grand seigneur indépendant qui sauve son pays et auquel son roi doit de garder sa couronne. C'était bien le moment ! On n'a pas idée de se placer ainsi en travers du courant de l'histoire ! Le cardinal presse son Académie

1. Pour une meilleure connaissance du cardinal de Richelieu, peut-être ne serait-il pas inutile de replacer aussi dans leur contexte politique précis certaines anecdotes célèbres qui sont traitées d'ordinaire sous l'angle d'un sensationnel douteux, comme celle des soit-disant possédés de Loudun, par exemple, précisément en 1633-1634. Je me demande si, en fouillant un peu, la personnalité du grand homme ne s'éclairerait pas d'un jour tellement odieux et sanguinaire qu'il faudrait reconsidérer l'ensemble du tableau. Chiche !...

de donner son sentiment. Ah ! ils étaient ennuyés les nouveaux censeurs !... C'était plutôt bien, *Le Cid* ! Ils avaient encore des scrupules à se ridiculiser, à se vendre aussi ouvertement ! Il a fallu le poids d'un « ordre supérieur » pour qu'ils se décident à condamner au nom de prétendues règles transgressées. Corneille devait être naïf : il renâcle, se défend... Alors les valets du cardinal le menacent de mort — un duel pour Corneille, qui ne savait pas se battre, c'était ni plus ni moins une forme de plasticage de nos temps plus instruits.

Il est d'usage, dans l'histoire littéraire, d'évoquer cet épisode avec un sourire amusé. Un duel pour une pièce ! Ah ! la bataille du *Cid* !... Quels grands fous que nos anciens épris d'art !... Je ne vois pas pourquoi lorsque Sartre se fait plastiquer au moment de l'O.A.S., qu'on assassine Lorca, ou qu'on met des écrivains en prison en Grèce ou ailleurs, personne ne trouve cela amusant, et que, dès que l'on parle de Corneille menacé de mort par Scudéry on s'esclaffe. Je ne vois pas du tout où est la farce ! L'histoire de Corneille est celle d'un muselage. Il a dû s'incliner, c'est dommage. Trente ans auparavant, il aurait été notre Shakespeare, mais il est arrivé trop tard, on l'a étranglé. Trois ans après, il donnait *Horace*, ce monument à la gloire du fascisme. L'âge classique était arrivé !

Les trompettes de la renommée n'ont pas encore fini en France de clamer le très haut et très puissant règne de Louis XIV — Louis le Grand qui, après les déboires d'une enfance menacée par des frondeurs beaucoup moins plaisants et beaucoup plus furieux qu'on ne le dit d'ordinaire, sut relever à point le flambeau du despotisme intégral.

Tout de suite ce furent les salons, l'Astrée, le bel esprit, Vaugelas, la préciosité, Versailles, le beau langage qui allait croître dans les tapisseries, complètement coupé du reste de la nation française. La langue se purifie, paraît-il — c'est la façon racée de dire qu'elle se sépare du « vulgaire », du peuple qui sent mauvais.

Je lis dans mon manuel : « La langue française ressemblait au caractère de la nation qui la parlait : agréable, douce, pure, chaste, noble, majestueuse. » En voilà une

imposture ! Quelle nation parlait cette lan-
gue-là ? Une poignée de nobles et de grands
bourgeois ! Quelques centaines, ou quelques
milliers d'aristocrates sur les vingt millions
d'êtres humains crevant d'impôts et de mal-
nutrition qui portaient le titre de Français
et parlaient l'occitan, le basque, le catalan,
le breton, le flamand, le berrichon, le mor-
vandeau, le picard, et que sais-je — tout,
sauf la langue « agréable, douce, pure, chaste », etc., dont on les gratifie royalement !
Comment peut-on, de nos jours, écrire encore
de pareilles sornettes !... D'ailleurs, ils avaient
leur temps de parole les grands seigneurs,
le cœur de fignoler le verbe : chauffés l'hiver
et bien nourris, ils vivaient jusqu'à cinquante
ou soixante ans dans une population sous-
alimentée qui mourait entre trente et quarante. Durée moyenne de la vie au XVIIe :
vingt à vingt-cinq ans. Ce n'est pas une grâce
du ciel ; c'est que leur organisme correcte-
ment alimenté, et point trop usé par le travail physique, était mieux équipé pour résister aux épidémies qui balayaient de temps
en temps le peuple affamé.

Vaugelas mourut à soixante-cinq ans,

Ménage à soixante-dix-neuf ans, Chapelain à soixante-dix-neuf ans, Mme de Rambouillet à soixante-dix-sept, Corneille à soixante-dix huit... Ils rendaient leur âme le plus loin possible des moyennes triviales.

« Dans les campagnes les hommes mangeaient de la terre, des écorces, des haillons, se mordaient les bras et les mains... La France se dépeupla. » D'accord ; seulement La Rochefoucauld vécut jusqu'à soixante-sept ans, Bossuet à soixante-dix-sept ans, Bourdaloue à soixante-douze, Malebranche à soixante-dix-sept, La Fontaine à soixante-quatorze. Racine mourut jeune : soixante ans, mais Boileau à soixante-quinze — et quant aux dames du monde, épistolières pleines de grâce, elles passèrent toutes les quatre-vingts ans, sauf Mme de Sévigné : soixante-dix... Sait-on qu'à une époque où une paysanne usée, cassée, ridée, devenait vieillarde à trente ans, et attendait la mort, Madeleine de Scudéry, grassement nourrie, et discutant du pour et du contre dans cette langue « pure, chaste, noble », etc., mourut à l'âge de quatre-vingt-quatorze ans ? (1607-1701). Il n'est pas question de leur faire grief de leur longévité, mais il faut reconnaître que c'est aussi un aspect des choses : « l'honnête homme » faisait de vieux os.

La grandeur de la France qu'a permis cette dictature de notre Roi Soleil ? Son rayonnement, sanglant d'ailleurs, en Europe ? Certes, il y eut quelques grands écrivains, mais que reste-t-il vraiment, au début du XVIIIe siècle, à la mort du dictateur par la grâce de Dieu ? Racine et ses pleurs antiques ? L'insupportable Boileau ?... Fadaises... Une langue appauvrie jusqu'à l'os, quelques pierres pour les touristes du futur ? Versailles — un pays ruiné, un peuple dans une misère telle qu'elle en fait hurler certains riches d'indignation, des Français à qui on a même coupé la langue pour les empêcher d'émettre des objections. Et il faut appeler cela le Grand Siècle ! C'est à pleurer de bêtise.

Ah ! il faudra se donner du mal, plus tard, pour que tout, quand même, ne soit pas perdu, pour que notre XVIIe siècle soit bien le plus merveilleux ! Il faudra en faire des efforts acharnés d'admiration sur commande, arranger l'histoire littéraire et l'Histoire tout court, pour que nous ayons, quand même, un patrimoine culturel. Il faudra les sucer et les resucer les vers de Racine ! Ce qui est génial, d'ailleurs, c'est l'idée d'affubler plus tard les petits Français de cette quinquaille, pour qu'ils se déguisent l'esprit, à peine sortis des patois des villes et des champs, qu'ils se mettent en marquis Louis XIV — qu'ils sentent un peu l'odeur que ça avait d'être prince. Et puis leur inculquer, avec la délicatesse, le respect de ces « beaux messieurs ». On ne sait jamais, autant que ça serve à quelque chose... Moi aussi on m'a mis des hauts-de-chausses, un pourpoint et un chapeau à plumes ; on m'a dit : « Vas-y, petit ! Fais le Pyrrhus ! Fais le Dandin !... Tu l'auras ton bac ! » C'est vrai, je l'ai eu — c'était bien plus tard qu'au premier chapitre ! J'avais déjà quitté Trois-Pommes, et Fernand. Ils étaient loin derrière — dans les Aurès, je crois, en Algérie française...

Et La Fontaine ? Evidemment. Parce qu'il n'est pas à la cour, il tourne ses fables joliment, dans une langue vivante, qui a du rythme et de l'image, pas trop coupée des gens. C'est la raison de son succès continu, même auprès des enfants, bien plus que son bestiaire — ses histoires de bêtes mises en vers par une autre des célébrités d'époque seraient imbuvables. Il puisait lui, aux vraies sources de la langue, dans le *Roman de Renart* et un peu dans les dictons populaires. Molière ? Oui... Mais il se sert du peuple pour amuser la galerie des monseigneurs, montrer comme il est lourdeau, le vulgaire — et quel étrange jargon il parle ! Il y a du montreur d'ours chez Molière. Le fil conducteur du *Bourgeois gentilhomme,* c'est, tout de même qu'il est ridicule de vouloir s'élever au-dessus de sa situation, qu'il faut surtout que chacun reste bien à sa place — c'est moins simple aussi, j'en conviens. Molière naviguait entre les officiels et les objecteurs, son cas est ambigu.

Car il y eut de la résistance. Des attardés faisaient leur travail sans conséquence dans leur coin : Charles Sorel *(Histoire comique de Françion*, 1623), Scarron *(Le Roman comique*, 1651) avaient tâché de prolonger la tradition du roman réaliste. Ce sont des réfractaires que même de nos jours on passe à peu près sous silence ; on leur tient toujours rigueur de n'avoir pas été courtisans, et d'avoir une langue impure ! Nous avons nos ténors obligatoires... Furetière aussi se serait bien passé du bon goût de certains *(Roman bourgeois,* 1666). Il a les mêmes torts, et du reste son célèbre dictionnaire de 1684, qui inclut les mots populaires, les mots techniques, et les vocables archaïques, fit scandale. C'était illégal, il fut chassé de l'Académie et des cercles mondains pour son audace. Mme de Sévigné, la toute charmante, dit de lui : « Je trouve que l'auteur fait clairement voir qu'il n'est ni du monde ni de la cour, et que son goût est d'une pédanterie qu'on ne peut pas même espérer de corriger... On ne fait point entrer certains esprits durs et farouches dans le charme et dans la facilité des ballets des Benserade... » C'est bien vrai.

« Plus on étudie la période classique, dit avec admiration un historien de la littérature [1], plus on voit quelle importance a eue

---

1. *Littérature française,* J. Bédier-P. Hazard, Librairie Larousse, nouvelle édition 1948.

dans le jugement critique du XVIIe et ensuite du XVIIIe siècle, la notion de goût : sorte d'instinct, d'intuition vive, l'appréhension directe des choses, supérieurs à toutes les règles..., et dépendant d'un état social, d'un code mondain sans formules, mais non sans contraintes. »

Voilà comment se sont forgées dans ce siècle capital et la langue et la tradition françaises : dans le refus catégorique de toute racine populaire. C'est cette langue admirable que l'on s'est efforcé d'inculquer plus tard à des millions de fils de paysans et d'ouvriers sans se demander si, toutefois, quand même, il n'y aurait pas, par hasard, un petit décalage quelque part. Ma première rencontre avec Mme de Sévigné, par exemple, fut en classe de cinquième, la lettre sur la fenaison : « Savez-vous ce que c'est que faner ?... Il faut que je vous l'explique : faner est la plus jolie chose du monde, c'est retourner du foin en batifolant dans une prairie... », etc. Je faisais les foins justement, avec mon père. J'avais seize ans et j'étais si courbatu, si éreinté par la fourche, que le batifolage du grand écrivain me restait en travers du gosier.

J'ai fait des remarques, tout timide que j'étais, et bien jeune. Le professeur était surpris que je ne goûte pas, moi si sensible aux belles choses, la joliesse du propos — un homme intelligent pourtant, et d'enfance campagnarde lui aussi, c'est dire la force de l'intoxication. Je lui ai promis de réfléchir... Ça fait vingt ans que je réfléchis, ça ne passe toujours pas. Pas plus que la suite que je retrouve dans un manuel de grammaire d'usage courant, à propos de je ne sais quelle analyse : « Tous mes gens y allèrent gaiement, le seul Picard me vint dire qu'il n'irait pas, qu'il n'était pas entré à mon service pour cela, que ce n'était pas un métier et qu'il aimait mieux s'en aller à Paris. Ma foi ! La colère me monte à la tête... » Bref, elle le met à la porte. Moi, je trouvais que Picard avait rudement raison ! Mais c'est l'inverse qu'il fallait croire...

C'était le siècle de Louis, « l'Auguste des Français » comme dit Boileau ! « Je ne serais pas fort embarrassé de montrer que l'Auguste des Latins ne l'emporte pas sur l'Auguste des Français. » Un Auguste triste...

La langue française avait dès lors pris son

pli. Débarrassée de ses impuretés, c'est-à-dire de sa saveur populaire, on lui voyait sa trame latine — elle avait trouvé une rigueur grammaticale sur laquelle veillaient avec autorité des officiels jaloux. Le français avait, chose exceptionnelle et que l'on ne retrouve dans aucun pays, un tribunal suprême pour décider en cas de conflit : l'Académie française, dépositrice et gardienne de l'ordre nouveau. Notre langue se pliait donc mieux qu'une autre aux sinuosités de la pensée juridique, financière, et de la pensée abstraite tout court. C'est du moins ce qui allait faire sa réputation internationale au cours du XVIIIe siècle marqué par l'expansion de la philosophie. De même qu'il est préférable d'être maigre pour mieux faire des entrechats, la maigreur de la langue française, sa légèreté en faisaient une parfaite arme de salon pour les joutes d'esprit.

Voltaire en a usé avec génie et — ce qui est remarquable — pour combattre le fanatisme ! Il est peut-être le seul écrivain français dont on peut ouvrir les œuvres complètes au hasard, des contes philosophiques à la correspondance, et commencer la lecture en haut d'une page sans avoir envie de la tourner. Pourtant il est certain que sa générosité, ses harangues de redresseur de torts ont été limitées dans leur élan par cette langue de ballets, trop mince pour la violence de l'indignation. Si seulement il avait pu utiliser parfois une langue plus farouche, disons issue d'Agrippa d'Aubigné, sans passer par Malherbe et l'épuration ! Le poème sur le désastre de Lisbonne, dans une langue plus épaisse, serait un monument — c'est une raison qui a fait accuser Voltaire de sécheresse : la langue manquait de fruité, de sève. Le mal était fait avant lui.

Cependant, notre langue acrobatique courait le monde, rayonnait dans toutes les cours d'Europe. C'est un sujet de fierté inépuisable dont on nous a assez rebattu les oreilles : Frédéric de Prusse, Catherine de Russie parlaient l'idiome de notre roi ! Quelle gloire ! Tout le monde parlait l'idiome du roi de France, sauf le peuple français !... Je vois mal du reste à quoi cela a servi cette fraternité des princes : ils les ont tout de même rudement fait s'étriper nos grands parents d'oc et d'ailleurs. Parce que ces nobles allemands, russes et hollandais, c'était pour eux une façon supplémentaire de s'élever encore au-dessus de la misère et de l'ignorance de leurs propres sujets que de se raffiner ainsi à l'image du régime français. Il fallait qu'ils méprisent beaucoup leurs propres peuples pour oser se franciser ainsi ! Au fond, la célèbre universalité de la langue française au XVIIIe siècle — autre preuve de son manque de racines dans aucun terroir — c'était un peu leur : « Classes dominantes de tous les pays : Unissez-vous ! » Non ?... J'exagère ?...

On peut dire que j'exagère, que la partialité m'égare... Voyons l'état de la langue telle que la décrit Rivarol à la veille de la Révolution. On n'accusera certainement pas de mauvaise foi son célèbre *Discours sur l'universalité de la langue française,* de 1784. Pour Rivarol, les nations d'Europe ont choisi la langue française parce qu'elle est la plus pure. Pourquoi est-elle plus pure que ses voisines ? Parce que celles-ci sont mêlées de passions et sont souvent entachées par les dialectes et le provincialisme. Or :

« A cet égard, la France paraît plus heureuse : les patois y sont abandonnés aux

provinces et *c'est sur eux que le petit peuple exerce ses caprices, tandis que la langue
nationale est hors de ses atteintes.* »

Magnifique ! Et comment se fait-il que
notre langue soit si heureusement hors de
portée de son peuple qui pourrait la ternir ?
(je cite, je n'invente rien) Rivarol l'explique très bien :

« Le bon goût ne se développa tout entier
que dans la perfection de la société... En
effet, quand l'autorité publique est affermie,
que les fortunes sont assurées, les privilèges
confirmés, les droits éclaircis, les rangs assi-
gnés... ; lorsque dans la capitale un peuple
immense se mêle toujours sans jamais se
confondre, alors on commence à distinguer
autant de nuances dans le langage que dans
la société ; la délicatesse des procédés amène
celle des propos, les métaphores sont plus
justes, les comparaisons plus nobles, les plaisanteries plus fines, la parole étant le vête-
ment de la pensée, on veut des formes plus
élégantes. C'est ce qui arrive aux premières
années du règne de Louis XIV. Le poids de
l'autorité royale fit rentrer chacun à sa
place ; on connut mieux ses droits et ses

plaisirs... ; la langue française fournit à tout, et l'ordre s'établit dans l'abondance. »

Donc, les torchons n'étant plus mélangés aux serviettes :

« Les styles sont classés dans notre langue comme les sujets dans notre monarchie... et c'est à travers cette hiérarchie des styles que le bon goût sait marcher... Racine et Boileau parlent un langage parfait dans ses formes, sans mélange, *toujours idéal, toujours étranger au peuple qui les environne.* »

Alors ? j'exagère toujours ?... En tout cas, nous savons maintenant comment on fabrique du beau langage ! Pas comme ces Anglais chez qui : « Shakespeare avait paru [sans l'être au début, d'ailleurs comme il l'a été depuis], l'idole de sa nation et le scandale de notre littérature. Son esprit agreste et populaire déplaisait au prince et aux courtisans ». C'est du reste bien fait pour eux, ils n'avaient qu'à ne pas couper le cou à leur roi : « Le désordre leur a plu, comme si l'ordre leur eût semblé trop près de je ne sais quelle servitude : aussi leurs ouvrages, qu'on ne lit pas sans fruit, sont trop souvent dépourvus de charme. »

Bref, le bonheur de notre pays où « si c'est la partie laborieuse qui crée, c'est la partie oisive qui choisit et qui règne », c'est d'avoir eu un XVIIᵉ siècle qui a mis la langue à l'abri de « la bassesse des figures. Ronsard disait : « Le soleil perruqué de lumière, le voile s'enfle à plein neutre. » Ce défaut précède la maturité des langues et disparaît avec la politesse ». Moi, je trouve plutôt joli « un soleil perruqué de lumière ». C'est dommage que Ronsard n'ait pas vécu deux cents ans. Mais le résultat de cette évolution aristocratique et admirable, c'est, selon Rivarol, que, en plus de son extrême délicatesse, « ce qui distingue notre langue des langues anciennes et modernes, c'est l'ordre et la construction de la phrase. Cet ordre doit toujours être direct et nécessairement clair. Le français nomme d'abord le " sujet " du discours, ensuite le " verbe " qui est l'action, et enfin l' " objet " de cette action : voilà la logique naturelle à tous les hommes, voilà ce qui constitue le sens commun... Ce qui n'est pas clair n'est pas français ».

Voilà pourquoi, enfin :

« ... La prose française se développe en marchant, et se déroule avec grâce et noblesse. Toujours sûre de la construction de ses phrases, elle entre avec plus de bonheur dans la discussion des choses abstraites, et sa sagesse donne de la confiance à la pensée. Les philosophes l'ont adoptée, parce qu'elle sert de flambeau aux sciences qu'elle traite, et qu'elle s'accommode également, et de la frugalité didactique, et de la magnificence qui convient à l'histoire de la nature. »

Quand je pense que c'est sur un pareil fascisme que reposent les thèses de nos puristes et, somme toute, une grande partie de notre fameux « patrimoine culturel » !... Que le peuple français, instruit plus tard à coups de slogans patriotiques, ait avalé ces flatteuses couleuvres, je le comprends, mais que cette propagande ait réussi aussi à l'étranger, jusqu'à nos jours, c'est tout de même un peu fort. Je pense à certaines conversations que j'ai eues avec des professeurs anglais qui me vantaient l'universalité de notre langue et me citaient... Rivarol !

Cette fierté toute chaude pour la langue nationale explique que la Révolution, faite par des grands bourgeois, n'ait pas eu une

grande influence dans le sens d'une démocratisation du langage. Il faut rappeler, en effet,
que la Révolution a été faite dans un esprit
de centralisation à outrance, dirigée de Paris,
dans le but d'unifier le pays et de rallier
l'ensemble des Français aux idées humani-
taires de la Déclaration des droits de
l'homme. L'intention était louable, bien sûr.
Du reste, Marx considère cette unification
de la France comme exemplaire — c'est ce
que l'on nomme la tendance jacobine du
marxisme [1]. Il faut comprendre également
que pour les gens de 1789, loin d'apparaître
comme un héritage de l'Ancien Régime, la
langue française était avant tout celle des
philosophes du XVIIIe, et des encyclopédistes
en particulier. Elle portait donc l'esprit de
la Révolution et il convenait de la protéger
à tout prix contre toute dégradation possible — de la mettre à l'abri des Français tout
en la leur offrant L'ambiguïté de la situation

1. L'historien Pierre Gaudibert me fait remarquer qu'elle s'oppose à une autre tradition commu-
niste, celle du régionalisme, représentée par
l'esprit des soviets, et que ces deux tendances se
sont heurtées plus tard, en 1936 notamment.

se résume assez bien dans l'attitude d'un député de la Convention : Grégoire. Il est à la fois celui qui fit voter l'abolition de l'esclavage et qui rédigea un rapport sur « l'utilité de détruire les patois ». Ce libéral emploie la terminologie de Rivarol — et il était Lorrain !

Le XIXe siècle, évidemment, a dégelé un peu le langage littéraire — l'influence de Victor Hugo est énorme dans ce domaine — non seulement à cause de la préface de *Cromwell* : « Tous les mots sont égaux en droits », mais par l'exemple qu'il a donné. On conçoit que le mouvement romantique a constitué la véritable révolution du langage. Certes, il a beaucoup servi Hugo, après sa mort, dans l'alphabétisation des petits indigènes.

O combien de marins, combien de capitaines...

Lamartine aussi :

Ma mère, étendant sa main blanche,
Rapprochait les grappes de miel.

76

Eux et La Fontaine — le cher rescapé de la gloire !

Ça n'était pas suffisant. Ce n'est pas une demi-douzaine d'écrivains qui pouvaient changer le cours de deux siècles pendant lesquels la langue avait fixé sa forme. D'ailleurs, c'est en 1832 que l'orthographe de l'Académie devient orthographe d'Etat, pour demeurer l'absurde carcan administratif que l'on sait. Dès lors, la France se régale de cuisseaux et cuissots. L'orthographe sert à départager les concurrents dans les examens et concours officiels ; elle joue un peu le rôle des haies dans le cent dix mètres haies : on applaudit le vainqueur et on le déclare instruit. Le français restera la langue de la bourgeoisie, et lorsque enfin l'enseignement est rendu public et obligatoire, les universitaires habitués à la règle et à la loi dictée d'en haut partagent leur foi entre l'Académie et un *Littré* mal compris. On ne conçoit pas en France que la langue n'ait pas un chef suprême quelque part. Le français est resté royal. Ce n'est pas la faute à Voltaire, c'est la faute à Richelieu..., à l'histoire de France.

Toujours est-il que c'est une langue peu

commune que l'on s'est mis à déverser de but en blanc dans toute la France, sur la tête de millions d'enfants qui ne savaient pas jusqu'alors qu'il existait une langue nationale si belle, si jolie, qu'on la leur enfonçait à coups de poing dans la figure !

Avant de passer à ce curieux épisode, je voudrais essayer d'analyser en quoi notre langue est demeurée ce qu'on l'avait faite pour nous : un bijou d'aristocrates aux « âmes excédées de plaisirs et lasses de repos » (Rivarol).

3

La chasse aux génies

En France, on est très chatouilleux sur tout ce qui concerne les problèmes de la langue. On la traite comme un objet de vénération — comme une pièce rare, un fauteuil d'époque. Quand on en parle, c'est toujours pour la surveiller, la bichonner... On a la crainte que les vers s'y mettent ou qu'elle reçoive des gnons. Je suis sûr que les lettrés, au fond, regrettent que tout le monde s'en serve. A la limite, ils aimeraient pouvoir en interdire l'usage au commun des Français, à ce vulgaire qui l'abîme. C'est la vraie tradition.

Mais si l'on répète à tous les échos que la langue française est jolie, claire, précise, la plus belle du monde, on ne dit pas souvent pourquoi, et comment ces précieuses qualités lui sont venues. Je voudrais poser la question : Quelles sont les conséquences, sur le français d'aujourd'hui, de sa formation aristocratique ? Aucune ? Il serait curieux que cette évolution exceptionnelle en milieu de cour, de noblesse, de haute puis de moyenne bourgeoisie, n'ait eu aucune influence sur sa structure profonde. Ah ! c'est un sujet épineux ! On va me dire : Fausse question ! Peu importe son historique — maintenant elle est là, nous l'avons, c'est l'essentiel. Ouais... Ce n'est peut-être pas aussi simple. Mais il y a une entreprise plus délicate encore : c'est de suggérer aux Français que la langue elle-même puisse avoir une influence sur eux, personnellement... Ah ! je sens qu'il n'en est pas question ! Je vais trop loin, je déraisonne... Nous autres, Français, nous sommes tellement persuadés de l'inaliénable originalité de notre personne, de notre merveilleuse indépendance d'esprit, que la moindre allusion au fait que nous puissions être conditionnés par quelque chose nous fait bondir ! Surtout pas par la langue que nous parlons !... Parce que, paradoxalement, les gens pensent qu'une langue est un assemblage de mots qui désignent des choses, des idées, et qu'importe la structure de cette langue puisque nous pouvons l'utiliser à notre gré, dire ce qu'il nous plaît. Une langue en vaut une autre — erreur ! La langue conditionne la pensée dans une large mesure. Que ce soient des paysans, des marins, des religieux, des courtisans ou des voleurs qui créent une langue, est d'une importance capitale — cette langue sera paysanne ou maritime ou religieuse, courtisane ou canaille. Ceux qui l'utilisent par la suite seront conduits par la nature même de ce véhicule à penser plus ou moins paysan, marin, etc. Je dis que la langue française a été faite par des bourgeois, elle est bourgeoise — elle a tendance à nous obliger à penser bourgeois.

Dans l'étude qui va suivre, je vais être amené à décrire la langue française actuelle non pas en elle-même, mais par rapport à l'anglais dont l'origine et la formation infiniment plus démocratique donnera l'élément de comparaison nécessaire. Je ferai aussi quelques références à l'occitan pour étayer mon propos. En effet, il serait difficile de décrire une couleur sans la rapprocher d'une autre — de parler du vert, par exemple, si l'on ne connaissait que le vert.

La langue anglaise est proche de la nôtre, et son expansion dans le monde entier lui donne aujourd'hui une force et une vitalité extraordinaires. D'autre part, l'histoire de sa formation est pour ainsi dire opposée à celle du français. Né de l'amalgame de l'anglo-saxon et de l'ancien français, l'anglais n'a cessé de subir un brassage continuel au cours des siècles entre les différentes couches de la population ; il est véritablement la langue du peuple d'Angleterre aussi bien que celle de l'aristocratie. Les différences de niveaux qui sont, bien sûr, sensibles entre l'expression châtiée et l'expression vulgaire, n'ont jamais donné lieu à une codification reposant sur des interdits politiques, sur une législation proprement linguistique imposant les ukases d'un groupe social sur un autre. Personne ne sait, en Angleterre, qui décide du bon ou du mauvais usage d'un mot ou d'une tournure. Il n'existe aucune institution légiférante, et les conseils de correction — quand il y en a — émanent d'individus isolés qui n'ont d'autre autorité que celle qu'on veut bien leur reconnaître à cause de leur savoir et de leur jugement. L'énorme *Dictionnaire d'Oxford* offre un répertoire du lexique dans lequel chacun est libre de puiser à sa guise — personne n'ayant, comme en France, qualité pour dire : ceci est anglais, ceci ne l'est pas. L'usage décide, et l'usage est fondé sur des considérations morales ou des faits de civilisation qui sont largement partagés par l'ensemble de la nation. Un mot est bas parce qu'il se réfère à des notions considérées comme basses, qu'il a trait à la sexualité, par exemple, et non comme chez nous, pour la seule raison qu'il est utilisé par le peuple. Il n'y a donc pas en anglais le fossé qui existe en français entre la langue écrite et la langue parlée, puisque l'une procède naturellement de l'autre qui est celle de toute la nation.

Cette évolution démocratique a été favorisée évidemment par des institutions qui ont toujours combattu la centralisation à outrance et le despotisme. Certes, si l'on considère le Royaume-Uni et non la seule Angleterre, des problèmes de langage se posent. On retrouve une loi sans doute générale qui fait qu'une langue liée au pouvoir politique domine peu à peu celles des régions soumises à ce même pouvoir. L'anglais, en tant que langue du royaume d'Angleterre, l'a emporté sur le gallois et l'écossais — sur l'irlandais aussi. Cependant, l'évolution s'est faite d'une manière très différente de ce qui s'est passé en France. On n'a jamais essayé de faire croire aux Gallois qu'ils étaient Anglais ! On ne leur a jamais dit qu'ils parlaient patois ! Ils apprennent leur langue à l'école primaire, et on ne leur a pas fait porter des briques sur la tête, en plein XXe siècle, parce qu'ils jouaient dans leur langue maternelle. La nuance est de taille, et au fond nos Bretons n'auraient peut-être pas demandé davantage qu'à être traités comme des Gallois... De toute façon, il est important de préciser pour un public français que, lorsque je dis « peuple anglais », j'entends exactement ce que cela veut dire : la population de l'Angleterre proprement dite et non de la Grande-Bretagne en général. Que la langue de ce peuple, l'anglais, se soit répandu dans les provinces voisines, comme d'ailleurs dans le monde entier, c'est une autre question.

Il faut préciser également que la religion protestante, par son côté égalitaire, a considérablement influé dès le XVIe siècle sur le maintien de ces institutions libérales, et aussi que la superficie relativement réduite de l'Angleterre les a favorisées. Le rôle de la religion réformée a d'autre part été énorme dans l'alphabétisation du peuple dès une époque ancienne à cause de la lecture obligatoire de la Bible à tous les niveaux. Il reste que l'anglais actuel, langue de masse, jouit d'une extraordinaire vigueur et qu'il semble s'adapter aux nécessités du monde moderne avec une souplesse peu commune, ce qui, naturellement, fait sa force, et disonsle, constitue dès à présent une menace pour la langue française, dans la mesure où celle-ci n'arriverait pas à s'adapter aux mêmes conditions.

La langue et la parole

Une notion qui paraît fondamentale, lorsqu'on parle d'une langue, c'est son génie. C'est un mot qui m'a toujours intrigué. Si l'on veut condamner une tournure d'une façon irréfutable, il suffit de dire avec aplomb : « C'est contraire au génie de la langue ! » Généralement, il n'y a rien à répliquer à cet argument : le génie — un peu comme s'il s'agissait d'un petit dieu malin et susceptible qu'il ne faut surtout pas contrarier. Bon, je veux bien... Je comprends aussi qu'il s'agit des tendances naturelles de cette langue. Mais d'où lui viennent ces tendances ? Sont-elles si naturelles que cela ? Où est-ce qu'elle l'attrape son génie, la langue ?

La charge d'un hippopotame

Par exemple, il est bien connu que l'Anglais répugne à employer des mots longs. « *The long words* », en anglais, veut dire : les mots savants, pédants, les mots d'intellectuels. Pourquoi ?

Je citerai le *Modern English Usage*, de Fowler, considéré en Grande-Bretagne comme un ouvrage de référence parmi d'autres, mais qui sert de bréviaire aux anglicistes français, dans leur désarroi de n'avoir aucun tribunal britannique qui leur dicte ce qu'il faut faire et ne pas dire :

« *It need hardly be said that shortness is a merit in words* », dit Fowler qui poursuit : « C'est une vérité première que les mots courts sont non seulement plus commodes à utiliser, mais qu'ils sont plus percutants ; les voyelles supplémentaires, loin de leur ajouter de la vigueur, leur en enlèvent. Cela est particulièrement vrai en anglais où les mots indigènes sont courts et les mots longs étrangers. »

Effectivement, en anglais, le parler populaire est composé de mots brefs qui sont d'origine saxonne, c'est-à-dire ceux de la paysannerie à l'époque de la domination normande. Les grands mots, de plusieurs syllabes, qui viennent du latin, voire du français, font lourds et pédants. Certes, mais pourquoi ? L'on n'a pas tout dit en affirmant que le génie de la langue anglaise est tel. Le fait que les mots polysyllabiques soient généralement abstraits n'explique pas la répulsion instinctive qu'ils provoquent chez l'individu. Après tout, il y a des mots longs et abstraits qui passent bien : *unkindness, unfaithfulness,* tout comme des mots abstraits qui sont courts et familiers : *thought, love, heaven, God* lui-même !... Aussi des mots concrets qui sont longs et barbares : *conglomerate.* D'autre part, certains mots « étrangers » comme : pension, chance, sont courts et parfaitement assimilés. Alors ?... Je préfère chercher du côté de la voix humaine et des habitudes d'articulation les raisons bêtement fonctionnelles de ce penchant.

Fowler donne un exemple du style pompeux et indésirable dû à l'emploi des mots longs :

« *Vigorous condemnation is passed on the foreign policy of the Prime Minister, whose temperamental inaptitude for diplomacy and preoccupation with domestic issues rendered his participation in external negotiations gravely detrimental to the public welfare.* »

« Vigoureuse condamnation en vérité, raille-t-il, la charge d'un hippopotame, et guère plus ! » Pourquoi ? La même phrase en français ne manque pas forcément de vigueur : « La participation du Premier ministre aux négociations extérieures a porté un préjudice énorme à nos intérêts, à cause de ses préoccupations exclusives de politique intérieure et de son inaptitude fondamentale à la diplomatie. »

La phrase anglaise et la phrase française contiennent toutes deux des mots de trois syllabes en moyenne — pourtant la critique en français demeure sévère et n'a rien d'hippopotamesque.

Je vais être amené, dans les quelques pages qui suivent, à entrer dans des considérations techniques, et je prie le lecteur de m'en excuser. J'ai tenté de fonder ma réflexion sur des données précises, que je suis obligé d'exposer brièvement en souhaitant être aussi clair que possible. En tout cas, l'horizon s'éclaircira, je l'espère, peu après.

Ouvrir la bouche

J'utiliserai comme première référence l'analyse de P. et M. Léon dans *Les Habitudes syllabiques du français* :

« En français, le noyau d'une syllabe est toujours constitué par une voyelle. »

Suit l'explication suivante :

« En français, les syllabes les plus fréquentes (en gros dans une proportion de 80 %) sont les syllabes ouvertes. On appelle ainsi les syllabes terminées par une voyelle (exemple : pie) (la voyelle est un phonème ouvert par rapport aux consonnes). La plupart des syllabes se terminent donc avec une ouverture de la bouche, ce qui donne au français une de ses caractéristiques essentielles : l'impression d'une langue très vocalique, donc claire et sonore par rapport à toutes les autres langues. (En particulier, l'allemand, dont la proportion de syllabes fermées, c'est-à-dire terminée par une consonne [ex : coq], est très élevée, en gros 70 %, l'inverse de la proportion française. On trouve une proportion voisine dans la plupart des langues anglo-saxonnes.) »

Voilà qui est clair ; essayons avec un passage pris au hasard dans *Amants et fils* de D.H. Lawrence dont le style, fait de mots courts et dépourvus d'abstraction, conviendrait à Fowler :

« Clara's hat lay on the grass not far off. She was kneeling bending forward still to smell the flowers. Her neck gave him a sharp pang, such a beautiful thing, yet notproud of itself just now. Her breasts swung slightly in her blouse. The arching of her back was beautiful and strong ; she wore no stays. Suddenly, without knowing, he was scattering a handful of cowslips over her hair and neck saying... »

D'abord, je compte cinquante-six monosyllabes sur un total de soixante-quatorze mots, les autres n'ayant que deux syllabes. Donc, rien de pédant. Or, l'analyse montre que le passage contient soixante-six syllabes fermées pour vingt-neuf qui sont ouvertes, c'est-à-dire une proportion de 69 % de fermées : le pourcentage donné par Léon pour les langues anglo-saxonnes.

Voyons aussi le père de la littérature, et jetons un coup d'œil sur Shakespeare (*Romeo et Juliette*) :

> *It is the east, and Juliet is the sun !*
> *Arise, fair sun, and kill the envious moon,*
> *Who is already sick and pale with grief,*
> *That thou her maid art far more fair than*
>   *she :*
> *Be not her maid, since she is envious ;*
> *Her vestal livery is but sick and green,*
> *And none but fools do wear it ; cast it off.*

Cinquante-cinq monosyllabes pour soixante et un mots, et cinquante-cinq syllabes fermées pour quinze ouvertes, d'où la proportion énorme de 78 % qui est la proportion inverse de celle du français. Si, maintenant, nous revenons à l'exemple de style lourd donné par Fowler : « *Whose temperamental inaptitude* », etc., qui, sur vingt-deux mots, comporte huit monosyllabes — uniquement les articles et outils grammaticaux — et que nous lui fassions subir la même analyse, nous trouvons vingt-quatre syllabes fermées seulement pour trente et une ouvertes, soit 42 % ! Evidemment, 58 % de syllabes ouvertes contre 31 % et 22 % dans Lawrence et Shakespeare.

Bien sûr, *sun*, une syllabe, et fermée : *diplo-macy*, quatre syllabes ouvertes ! Ah ! c'est là que le bât blesse. Cette syllabation ouverte oblige le sujet à une certaine unité du ton, à une relative égalité des voyelles qui contraint ses muscles à une discipline inhabituelle, à laquelle ni sa bouche ni son oreille ne sont accoutumées, et qui le fatigue. C'est en ce sens que le mot est étranger, que la phrase est pédantesque : parce qu'elle ressemble pour la bouche à une citation en langue étrangère — langue latine surtout. C'est cette articulation surtout que refuse d'instinct la langue anglaise. Des mots comme : *savoury* (trois syllabes ouvertes), *cupidity* (quatre syllabes ouvertes) font beaucoup plus lourd et pédant que des mots tels que *unkindness* ou *unthankfulness*, qui sont pourtant longs et abstraits, mais dont les trois et quatre syllabes sont fermées.

Je crois que l'on peut dire avec quelque certitude qu'en anglais le mot long est mal accepté dans la mesure où il entraîne une syllabation ouverte. Ce serait là une manifestation de ce génie obscur : il n'aime pas ouvrir la bouche. Mais pourquoi ?

Un chant vocalique

Retenons maintenant quelques conséquences sur le langage de ce phénomène de syllabation ouverte qui caractérise le français :

« Si un mot se termine par une consonne et que le suivant commence par une voyelle, les deux mots s'unissent étroitement :

Il a une autre idée : i-la-u-nau-tri-dée.

« Ce mécanisme s'appelle l'enchaînement. Il constitue une des grandes difficultés pour la compréhension auditive du français qui, contrairement à la plupart des langues, ne détache ni les mots ni les syllabes. » (P. et M. Léon.)

C'est ce que l'on exprime quand on dit que le français est une langue liée, et cela explique que les Anglais, par exemple, ont l'impression que nous parlons très vite alors qu'en réalité le temps de phonation est souvent plus court en anglais qu'en français. Citons aussi :

« Le rythme du français est caractérisé par l'égalité de durée des syllabes inaccentuées, alors que beaucoup de langues sont au contraire caractérisées par une inégalité constante des syllabes inaccentuées. La prosodie des langues nordiques, germaniques, etc., repose sur l'alternance des longues et des brèves. » (P. et M. Léon.)

Voilà ce qui donne au français « l'impression d'une langue très vocalique, donc claire et sonore ». Cependant, l'anglais éprouve cette vocalisation traînante non seulement comme une fatigue imposée à ses muscles phonateurs, mais comme une lourdeur, lui, l'habitué des explosions précipitées de consonnes agressives. L'émotion, en anglais, se traduira dans un heurt de consonnes farouches, soutenues par des voyelles tantôt escamotées, tantôt étirées comme un cri. *Le Roi Lear* :

> *Rumble thy bellyful, Spit, fire ! spout rain !*
> *Nor rain, wind, thunder, fire, are my daugh-*
> *ters :*
> *I tax not you elements, with unkindness ;*
> *I never gave you kingdom, called you chil-*
> *dren.*

On a beau rouler un « r » vengeur, c'est la voyelle qui clame la douleur dans le chant vocalique de Camille (*Horace*, de Pierre Corneille) :

Rome, l'unique objet de mon ressentiment,
Rome, à qui vient ton bras d'immoler mon
amant,
Rome qui t'a vu naître et que ton cœur adore,
Rome enfin que je hais parce qu'elle
t'honore !

Cette question d'ouverture et de fermeture mise à part, on peut noter aussi que l'une des caractéristiques du français, c'est la prédominance des voyelles simples (ai — ou) sur les diphtongues (oi — ui). Il y a relativement peu de diphtongues en français, et seulement dans les mots de base élémentaires : boire, nuit. Elles sont nombreuses en anglais. Remarquons que les vers de Corneille (« Rome, l'unique objet... ») contiennent une seule diphtongue : vient. Les vers anglais ont trente-trois voyelles et onze diphtongues, dont deux triphtongues, d'ailleurs (trois sons liés) : *fire*.

Il semble donc que le premier génie d'une langue, comme on dit, c'est l'ensemble de ses habitudes de phonation. On peut penser aussi que cet élément musculaire, physique, influe sur d'autres caractéristiques moins primaires. Par exemple, la fameuse et double règle du comparatif en anglais vient du souci d'éviter le mot long pour éviter d'ouvrir la syllabation. *Dear* devient *dearer,* mais *expensive* ne devient pas *expensiver,* car ce serait lui ajouter une syllabe ouverte et ouvrir l'avant-dernière ; par contre : *more expensive*, deux mots, distingués chacun par leur accent tonique. On pourrait sûrement multiplier ce genre de constatations.

Toutefois, ces remarques ne font que reculer le problème. D'où viennent ces différences de génie entre le français et l'anglais, par exemple ? On me dira : « Ah ! mais c'est évident ! C'est la différence entre le Latin et le Saxon ! Il y avait un grand-père génie à Rome qui aimait bien ouvrir la bouche, et un grand-père génie dans les brumes baltiques qui ne voulait pas ; il était poilu, farouche, taciturne, et pas du tout policé comme le joyeux Latin ! » Bon. C'est un fait. Mais encore ? Cette différence de caractère ? « Ah ! c'est la race, le sang ! Et puis le soleil, la vie facile en plein air... L'un était gai, communicatif, l'autre ne l'était pas. » Oui, c'est gentil, c'est poétique... Ce n'est pas tout à fait sérieux.

Certes, on parle davantage quand on n'a rien à faire, ou que l'on est heureux, ou excité par les événements. Il est certain que l'élément psychologique influe sur le langage et, pourquoi pas, sur sa formation. Donc, tout ce qui influe sur le caractère et le mode de vie d'un peuple doit sans doute influer à travers lui sur sa langue. Les dialectes montagnards sont plus rudes, plus sonores que ceux de la plaine, le parler des campagnes plus lent et plus chantant que celui des villes qui subit le rythme des échanges rapides des conversations de groupe, le rythme d'un pas différent. A la campagne, on se parle d'un champ à l'autre, à pleins poumons — à la ville, on se parle sous le nez.

Nous avions, à Lagleygeolle, avant et après 1914, le vieux Manevie qui faisait office d'annonceur public. Il allait, non pas dans tous les villages, mais de colline en colline pour s'éviter des pas. Il roulait du tambour, puis beuglait les nouvelles — en occitan — aux gens du village, de la colline en face. Sa voix devait franchir jusqu'à trois ou quatre cents mètres par-dessus la vallée. Il est certain que le rythme respiratoire d'un tel locuteur et le choix de ses mots n'a rien de commun avec celui d'une dame dans un boudoir. La subtile délicatesse des « e » muets n'est pas d'un grand secours à plus de deux cents mètres ! A notre époque de primauté de l'écriture, nous oublions trop que la langue est d'abord un ensemble de paroles, nous négligeons l'importance de la voix, des muscles et des viscères, dans le langage et sa formation. Je ne détaillerai pas davantage un thème que M. Etiemble a très bien traité dans *Poètes ou Faiseurs*.

Pour ma part, j'ai toujours été frappé par le fait que l'on parle une langue non seulement avec la bouche, mais avec tout le corps. Il y a, bien sûr, les gestes qui soulignent la parole : notre gesticulation de Français, plus brusque et plus vive à mesure que l'on descend vers le Sud et dans l'échelle sociale — le maintien réservé des Anglais, d'autant plus strict que l'on remonte dans la même échelle, avec parfois un brusque balancement du corps entier, ou un geste ample et sec de tout le bras qui paraît tout à coup exagéré.

Mais il n'y a pas que cela. A la gestuelle apparente, correspond, je dirais, une gestuelle interne : celle de l'appareil phonateur tout entier. Les dizaines de muscles qui animent le larynx, la langue, la mâchoire et les lèvres ont beau être de petite taille, mais pris séparément ils consument ensemble une énergie non négligeable et participent au reste de l'activité du corps. Ils sont mus par le même influx nerveux que les autres muscles et ils ont plus ou moins de tonus, par exemple, selon l'état de fatigue ou de santé de l'individu entier. Chez moi, quand les gens visitent un malade alité, ils jugent de la gravité de son état à la qualité de sa voix. On dit en français : « Il a bon œil » ; en occitan : « *A bona votz* » (« Il a bonne voix »). Et c'est vrai que les variations du timbre de la voix de quelqu'un d'un jour à l'autre sont révélatrices de sa bonne ou mauvaise forme ; c'est très net au téléphone, par exemple.

D'autre part, ces muscles de la voix sont entraînés à un certain type de travail. L'articulation d'un langage donné exige un effort donné, qui n'est pas forcément le même pour un autre. C'est ainsi que le passage d'une langue à une autre s'accompagne d'un changement de tension musculaire de l'appareil phonateur. Les voyelles françaises exigent généralement plus d'effort musculaire que les voyelles anglaises. Si elles sont plus claires, plus précises, plus tenues du début à la fin de leur émission, c'est parce que les muscles maintiennent l'appareil dans une position fixe du début à la fin et ne se relâchent pas en cours d'émission. Les voyelles anglaises sont moins précises. Leur timbre et leur intensité fluctuent pendant le même temps. Elles partent haut, puis s'affaissent vers la fin, surtout si elles sont longues : *bee*. Cela signifie que les muscles qui servent à leur émission se relâchent, et donc ne fournissent pas un travail aussi intense que celui qui est exigé pour les voyelles françaises. Ces caractéristiques expliquent pourquoi un Anglais, même parlant bien le français, a de la peine à « tenir » une voyelle longue. S'il dit avec emphase « Je vous adore », son « o » long et accentué aura tendance à dégringoler sur la fin, comme s'il s'agissait de « *door* » — suffisamment pour trahir un léger accent. De même le « i » français est plus tendu que les « i » anglais, et quant au « u » qui n'existe pas dans l'autre langue, il demande une plus grande activité musculaire encore, dont l'anglais n'a pas d'équivalent. Un Britannique apprenant le français a donc intérêt à entraîner ses muscles phonateurs — à se muscler l'organe pour ainsi dire. Inversement, un Français doit, pour bien parler anglais, habituer ses muscles à plus de relâchement, faute de quoi son articulation manque de moelleux — trop précise, trop sèche, elle sonne faux.

Mais il faut comprendre que ces différences de tension sont le reflet d'une tension musculaire plus générale, étendue à tout le corps. Lorsque je parle anglais, si je veux saisir l'intonation juste, j'ai besoin d'une mise en condition en profondeur de tous mes muscles. J'étends à mes épaules, à mes mains, à mes jambes, la tension musculaire requise, et cette imperceptible détente générale se répercute sur les petits muscles de la langue, des lèvres, du larynx, jusqu'à leur donner la souplesse nécessaire. Instinctivement, je « mime l'anglais » avec tout mon corps.

L'existence de ce tonus général peut être

illustrée par les réactions instinctives à la douleur. Un Français qui se donne un grand coup de marteau sur le pouce crie : Aïe ! et se met à sautiller sur place. Dans les mêmes circonstances, un Anglais crie : *Aw !* et il sautille aussi, mais moins vite — ou bien il se pliera en deux en se tenant fortement le poignet avec l'autre main. Or, les légères différences dans ces réactions corporelles se reflètent exactement dans les différences phonétiques des deux cris : Aïe ! (a-i) dénote une activité musculaire plus vive et plus intense que *Aw !* (a-ou). Cette correspondance profonde entre l'activité physique, la qualité de la voix d'un individu et les caractéristiques phonétiques de la langue qu'il emploie, peut être montrée de bien d'autres manières. Elle est particulièrement observable, par défaut, dans les films doublés — et je ne parle pas de l'accord élémentaire entre la parole et le mouvement des lèvres.

La première fois que j'ai été frappé par le phénomène, sans pouvoir l'expliquer, c'est lorsque j'ai revu en français *les Nuits de Cabiria,* de Fellini, un an après avoir vu le film en version originale. Ce n'était plus

103

le même film. J'avais le souvenir de scènes émouvantes : elles étaient fades — le souvenir de scènes mouvementées, pleines de violence : elles étaient plates. Mes goûts artistiques n'avaient pas eu le temps de changer à ce point, et je ne comprenais pas pourquoi le film me paraissait aussi différent en français. En fait, c'est que le rythme de la langue française n'était plus en accord avec le rythme intérieur des personnages sur l'écran — et comme Fellini est un grand cinéaste — avec le rythme même des images. Ce n'est pas le film qui était mal doublé ; à un moment, Giulietta Masina, debout dans une rue dit : « *Che parla, parla, parla !...* » avec un geste très italien, un moulinet du bras soulignant la répétition fastidieuse des mots. Ce geste sur : « Il parle, parle, parle ! » n'était plus crédible — cela à cause de la tonalité différente de la voix nouvelle qui ne correspondait plus exactement à la tension corporelle de l'actrice sur l'écran. Aussi, une scène très mouvementée où des groupes de femmes en pèlerinage criaient « *Madona ! Madona ! Madona !...* » en tendant les bras, tombait à plat parce que les « Madone ! » et les « Sainte

Vierge Marie » qui les remplaçaient n'étaient pas du tout de la même intensité. Il y avait un décalage, non pas au niveau de l'interprétation d'ailleurs, mais au niveau des muscles, la langue française, en l'occurrence, aplatissant l'image. J'ai cessé de voir des films doublés, même s'ils sont dans une langue inconnue. Le doublage est impossible. Curieusement, il n'est acceptable que dans un mauvais film. Plus le film est réussi, plus il y a une correspondance intime entre le rythme intérieur des personnages, celui du texte et celui de l'image, plus il est difficile de casser l'un des éléments — le langage — sans détruire l'ensemble.

Que conclure de ces faits ? Que le génie d'une langue est lié au comportement physique du peuple qui la parle. On comprend mieux, dès lors, pourquoi l'Anglais refuse instinctivement la syllabation ouverte, et à travers elle, le mot long ; cela, à son insu, le fatigue. Ses muscles n'y sont pas habitués. D'autre part, si l'on considère l'élocution globale d'un Français, avec son vocalisme qui se veut charmeur et le mouvement des mains, des épaules, de la tête, qui l'accompagnent, on peut le définir comme un parleur extraverti, qui aime à communiquer, à s'épancher. L'Anglais, au contraire, peut paraître plus taciturne, et sa langue plus introvertie, avec ses syllables fermées et ses brèves explosions de consonnes. Ce ne sont pas là les conditions idéales de la conversation mondaine, avec ses effets, son brillant, ses nuances et ses vanités. C'est bien ce que disait Rivarol ! Mais au fait, et le paysan auvergnat ? Comment est-il adapté, lui, à la conversation mondaine ?... C'est une curieuse question valable également pour le Berrichon, le Picard, l'Alsacien, comme le Français en général.

Quand on va d'Aurillac à Saint-Flour, on longe une profonde vallée bordée de chaque côté par de hauts escarpements en muraille volcanique. De temps en temps, on aperçoit une maison grise accrochée là-haut, à mi-pente, au bout du sentier qui y conduit. Je me dis toujours que les gens qui habitent ces demeures ne doivent pas être très bavards. D'abord parce que l'ambiance même du paysage est loin d'inviter à la causette, et aussi parce que si l'on grimpe à plusieurs ce sentier en lacet, de deux choses l'une : ou bien on parle en marchant et l'on n'arrivera jamais en haut, à cause du souffle, ou bien on monte en mesurant ses pas, avec une démarche lente et prudente, et l'on s'interdit toute conversation. Si l'on s'arrête pour reprendre haleine, on pourra échanger un ou deux mots brefs — et c'est tout. Comment veut-on que des gens nés et élevés dans ces montagnes soient des causeurs légers, diserts et extravertis ! Ils sont taciturnes, la plupart du temps, et réservent les explosions de paroles pour des occasions exceptionnelles, une réjouissance quelconque. Ils gardent leurs discours, comme ils gardent leurs costumes, pour les dimanches et les jours de fête. Cela a-t-il une répercussion sur la langue qu'ils parlent ? Très certainement. L'occitan d'Auvergne est plus sourd, plus rude dans sa prononciation, plus lâche même dans son articulation, que, par exemple, le provençal qui est plus clair — toutes proportions gardées, plus mondain. Cela se voit aux diphtongues qui sont presque aussi nombreuses que les voyelles en occitan. Que l'on compare :

« *Ont quò es que vai ?* » Une voyelle, trois diphtongues (dont une accentuée) ;

« Où est-ce qu'il va ? » Quatre voyelles, des mots courants comme « l'église, la mairie », avec leur forte tension musculaire et « *l'igleisa, la mairariá* », dont la gestuelle interne est plus lâche, moins tendue et moins précise — un peu comme en anglais. D'ailleurs, le « i » occitan est beaucoup plus près du « i » anglais que du « i » français. Lorsque je parle occitan, je procède un peu comme pour l'anglais : je fais un mime intérieur de tout le corps. De fait, je parle mieux occitan avec une certaine fatigue, une certaine lenteur dans les muscles. A la limite, il faudrait presque, pour retrouver le rythme intérieur du langage, que je prenne un hoyau et que je pioche un carré de terre pendant une demi-heure — l'occitan, alors viendrait tout seul.

Un génie en habit vert

Par conséquent, si les habitudes de vie influent sur les habitudes de phonation, lesquelles influent à leur tour profondément sur le « génie de la langue » — ce génie que je cherche à définir — n'est-il pas en fait étroitement lié aux conditions de vie des gens ? Mais alors, on peut se demander dans quelle mesure des changements dans ces modes de vie n'amènent pas la langue à se modifier — à prendre un génie plus conforme aux activités nouvelles, par exemple, un génie plus gras, ou plus maigre, ou plus sautillant ! « C'est au goût dédaigneux, c'est à l'ennui d'un peuple d'oisifs, que l'art a dû ses progrès et ses finesses », dit Rivarol à propos de l'embellissement de notre langue, de son « extrême délicatesse » acquise dans les cours et dans les salons — fort heureusement, précise-t-il, sans que le peuple grossier et travailleur ait eu quoi que ce soit à y faire.

C'est vrai. Si l'on prend la langue française avant ses avatars courtisans, on se rend compte que, sur le plan phonétique, son génie a grandement évolué. Je ne citerai qu'un exemple, pris quasiment aux origines, au XIIe siècle dans Chrétien de Troyes :

De bas verpre a un chastel vindrent,
Et ce sachiez que li chastiax
Estoit molt riches et molt biax.
Tuit trois antrent par une porte
Sor la charette, se merveillent
Les genz, mes mie neI consoillent,
Linz li huient petit et grant,
Et li vieillard et li anfant
Par mi les rues a grant hui ;
S'ot molt li chevaliers de lui
Vilenies et despit dire.

(Chrétien de Troyes : *Le Chevalier à la charrette.*)

Bien que l'on ne sache pas avec toutes les précisions voulues ce qu'était la prononciation de ces vers à l'origine, l'analyse approximative de la syllabation donne trente-neuf syllabes ouvertes pour quarante-six fermées, soit un pourcentage de 45 % d'ouvertes. Nous sommes loin des 80 % du français actuel, et assez rapprochés en fait des observations faites sur l'anglais. Je compte aussi douze diphtongues sur quatre-vingt-cinq syllabes. Il est intéressant de comparer le passage avec la traduction de Jean Frappier en français moderne, donc avec les mêmes mots :

« Au crépuscule, ils parvinrent à un châ-

110

teau d'un aspect aussi puissant que beau.
Par une large porte, ils entrent tous les trois.
A l'apparition du chevalier, que voiture le
nain, l'étonnement se peint sur les visages.
Les gens ne se bornent pas à chuchoter. Une
immense huée, où s'unissent les voix des
petits et des grands, des vieillards et des
enfants, s'élève par les rues. Le chevalier,
voué au mépris, s'entend abreuver d'outra-
ges. »

Ici nous retombons sur la norme, c'est-à-
dire 83 % de voyelles ouvertes, et six diphtongues seulement. Plusieurs passages de l'œuvre
de Chrétien de Troyes m'ont donné approxi-
mativement les mêmes résultats. La langue
était pourtant plus près du latin, avec ses
déclinaisons ! Alors ! Ce n'est pas vraiment
le latin qui lui a fait prendre son caractère
extraverti au fil des siècles ! En vérité, elle
était alors parlée par des gens dont les conditions de vie étaient frustes — elle était patoi-
sante. C'est donc que le rôle des salons a
été prépondérant dans l'évolution phonétique
du français. La langue s'est raffinée, nuan-
cée, adoucie au milieu des tentures et dans
les ruelles des lits, parce qu'on y respire en

douceur ; la gestuelle interne des muscles phonateurs est devenue plus pimpante, à l'image des entrechats. Elle a perdu ses diphtongues qui faisaient vilain, elle est devenue légère à l'oreille : ce chant vocalique lié, qui permet les mots longs. De bouche à oreille, le « e » muet a pu prendre sa délicatesse dans les murmures de confidence. Au XVIIIe siècle, le « r » roulé restait trop dur, mais il y eut les « incroyables » qui le limèrent. L'assouplissement du « r » est l'œuvre de citadins, de mondains qui n'ont pas besoin de faire porter la voix dans les collines ou sur un chantier. C'est tellement vrai que les comédiens ont conservé le « r » fort jusqu'au début de notre siècle, et les chanteurs d'opéra jusqu'à nos jours, parce qu'il porte mieux.

En fait le peuple, aujourd'hui qu'il a enfin un peu accès à la langue, n'est pas particulièrement friand des mots longs. La preuve, c'est qu'il les coupe chaque fois qu'il le peut. Il faut avoir le temps d'articuler chaque fois métallurgiste (on préfère métallo), et aussi stylo, taxi, ciné ; une « manif », c'est devenu une manifestation bien particulière — avec une finale fermée, d'ailleurs. Fowler a raison : le mot long n'est pas d'un usage commode, même en français. Essayez de dire oto-rhino-laryngologiste — il faut une certaine éducation pour ne pas trébucher. Un ouvrier, un paysan trébuchent. Si l'anglais est resté court, c'est qu'il n'a pas subi la dictature des salons aussi étroitement que le français. Le peuple était là, toujours, en Angleterre ; il parlait au cours des siècles, il a freiné l'allongement. C'est si vrai qu'aujourd'hui, avec l'instruction publique généralisée en Grande-Bretagne, il me semble que la résistance est moindre. Oh ! on coupe toujours, certes : *woman's liberation* devient *woman's lib*, *advertisments* devient *ads*, mais là il y avait de l'abus ! Pourtant, d'autre part, un certain nombre de mots récents et d'usage familier comme : *commuter*, *miniskirt*, ont trois syllabes. On parlera dans le monde du théâtre, milieu éduqué, d'un *temperamental comedian*, pour un acteur soupe au lait. Cela me paraît net dans le journalisme. Il me semble que la rédaction du *Newstatesman* (hebdomadaire d'opinion) emploie un vocabulaire de plus en plus longiforme au fil des ans,

113

tandis que la brièveté demeure dans les quotidiens populaires comme le *Daily Mirror*... Alors ? Où il est ce fameux génie, qu'il se fâche tout de suite ! Ah ! mais, il n'est peut-être qu'une ombre, qu'un reflet : celui de la condition sociale ! Qui sait ? Dans deux ou trois cents ans, l'Anglais oisif, sorti des mines et des chantiers, repus et bavard, parlera peut-être un langage effilé ; plus de Fowler, plus de mots courts, plus de génie ; il emploiera des mots « d'ici jusqu'à Pontoise ». Tiens ? Qui a dit ça ?... Ça me rappelle quelque chose...

... des mots longs d'une toise,
Des mots qui s'en iraient d'ici jusqu'à Pontoise.

Mais..., doux Jésus ! c'est Racine... O ironie, et curieuse coïncidence ! On allongeait donc tellement sous l'Auguste que le divin poète s'en fâchât ?... Il est vrai que Petit Jean raille la langue technique des magistrats — et puis, que Petit Jean est un valet, un bouffon populaire !...

Peut-être que le génie de la langue courte

s'est fait pendre avec les révoltés de Lyon aussi — pas ceux du Limousin, bien sûr, ils parlaient d'oc, mais ceux de Rouen, les roués vifs de Caen par le grand Gassion-Hammerling, ils avaient peut-être un petit génie qui pleurait sur la roue et qui est mort de tristesse !... Adieu, génie, adieu, la liberté !... Ah ! que sait-on ? Ils avaient peut-être un gros génie langagier, les autres à Versailles, un génie en culottes et rubans, qui est devenu sans qu'on s'en aperçoive génie officiel en habit vert — au quarante et unième siège de l'Académie ?...

La vérité, c'est qu'il y a toujours eu deux génies dans les langues : un populaire et un aristocratique. Phonétiquement, le français est une langue aristocratique : « Elle en est plus faite pour la conversation, lien des hommes et charme de tous les âges » — encore Rivarol.

4

Des mots et des phrases

Depuis plus de deux siècles, on répète que le français est une langue abstraite et on s'émerveille qu'un grand peuple comme le nôtre puisse jongler aussi gracieusement avec les idées pures. L'impression à l'étranger est que nous sommes à cause de cela une nation hautement cultivée, et l'ouvrier anglais s'imagine vaguement que le paysan de chez nous cultive Descartes dès l'enfance sous son béret légendaire. C'est vrai que le français se plie mieux que beaucoup d'autres langues à l'expression des concepts, qu'il est clair et précis. Reste à savoir ce qui l'a rendu ainsi, et quelles sont les limites de ces qualités indiscutables dans le monde d'aujourd'hui.

Le français utilise les mots-signes, ceux qui parlent plus à l'esprit qu'aux sens, de préférence aux mots imagés. Nous disons : « Inaugurer une statue », ce qui met en avant l'idée de consécration de la statue et du symbole qu'elle représente. En anglais, on décrit seulement la cérémonie pendant laquelle on enlève le drap — le voile — qui la couvrait : « *To unveil a statue.* » Mon intention n'est pas de développer un thème bien connu ; j'emprunterai simplement l'ossature de ce chapitre au remarquable ouvrage de MM. Vinay et Darbelnet : *Stylistique comparée du français et de l'anglais,* qui résume parfaitement cette notion :

« D'une façon générale, les mots français se situent généralement à un niveau d'abstraction supérieur à celui des mots anglais correspondants. Ils s'embarrassent moins de détails de la réalité. La remarque de Bailly comparant l'allemand et le français reste vraie si on oppose le français à l'anglais : « "... La langue allemande, mise en présence « d'une représentation complexe de l'esprit, « tend à la rendre avec toute sa complexité, « tandis que le français en dégage plutôt le « trait essentiel, quitte à sacrifier le res- « te. " »

On cite alors l'exemple bien connu du mot promenade. En français, on pense à l'idée de promenade. « Je vais me promener » — la manière de se promener paraît superflue et si on veut la préciser, on dit : à pied, à cheval, en voiture..., selon le cas, bien sûr. L'anglais n'exprime pas l'idée de promenade en général, il n'a pas de mot pour cela ; il précise donc chaque fois la façon concrète dont il se promène : « *I'll take a walk* » (à pied) ; « *a stroll* » (à pied, mais plus lentement, en flânant) ; « *a ride* » (à bicyclette) ; « *a drive* » (en voiture) — encore que « *a ride* » serve maintenant aux deux derniers moyens de locomotion.

Mots abstraits ou mots concrets ?

Le français est une langue plus abstraite. Parfait. Mais est-ce un caractère inaliénable du peuple français dans son ensemble de préférer les concepts ? Est-ce une qualité qui nous vient du climat, du quarante-cinquième parallèle, de l'air que nous respirons ? Est-ce que la bonne cuisine nous a fait passer à tous cette tendance à l'abstraction dans le sang ? Peut-être aussi qu'il aurait pu en être autrement si la classe dirigeante au XVIIe siècle n'avait pas banni les mots techniques du langage avec autant de vigueur. Peut-être que les mots imagés ne se seraient pas évaporés aussi facilement si le reste de la France avait parlé français ? A propos de cuisine justement, nous possédons, casseroles et poêles, mises à part, quatre mots désignant les gros ustensiles qui servent à la cuisson : chaudron, marmite, cocotte et fait-tout. C'est beaucoup ? Mais en occitan — langue qui n'a pas subi la censure de Malherbe — nous avons dans nos cuisines, à la disposition quotidienne de millions de Français d'honneur, mais non de langage :

L'ola : grande marmite en fonte à trois pieds et munie d'une anse, qui sert aux grands pots-au-feu, à faire cuire la volaille, etc. ;

L'oleta : qui est ventrue, et sert aux châtaignes blanchies ;

Lo topin : plus petit que l'ola et qui a le même usage ;

Lo topinol : même forme, mais tout petit, dans lequel on faisait le café ;

La tartiera : qui est une cocotte ;

Lo tartieron : qui est la même chose, mais avec une queue ;

Lo bassinò : qui est un récipient en cuivre pour les confitures ;

Lo pairòl : qui est un très grand chaudron en cuivre sans anse ;

La coirina : qui est un chaudron, en cuivre à l'origine, puis en fer, et qui sert à faire cuire pour les bêtes ;

Le fait-tou : qui est un fait-tout.

Dix mots, et j'en oublie peut-être ! Dans ces conditions, on comprend que les ukases de la cour des rois, sur le vocabulaire concret, aient pu laisser indifférents une grande partie des Français — je ne sais ce qu'il en est du breton, du basque, ou de l'alsacien.

Si les Anglais n'ont pas de mot générique pour la promenade, ils en ont un, par contre, pour l'idée de fermer, *to shut*, et même deux, *to close*, qui expriment qu'une porte est rabattue sur son dormant. S'il s'agit de préciser que la porte est assujettie par un des nombreux moyens de sécurité existants, il y aura un verbe par moyen : *to bar* (avec une barre) ; *to bolt* (avec un verrou) ;

to latch (avec un loquet) ; *to lock* (avec une serrure) ; *to padlock* (avec un cadenas). En français, clore étant littéraire et inusité, nous disons : fermer à clé, fermer au verrou, etc. Certes, verrouiller et cadenasser existent, mais ce que l'on sait moins c'est que les autres verbes précis ont existé à une époque lointaine : bâcler, en ancien français, veut dire fermer avec une barre, de même que serrer — loqueter signifie fermer au loquet, etc. A tel point que si l'on établit la liste complète en restituant les mots oubliés, on peut mettre en regard :

To close : clore ;

To shut : fermer ;

To bar : bâcler ;

To latch : loqueter ;

To bolt : verrouiller ;

To padlock : cadenasser.

Seul, *to lock* reste sans équivalent. Mais puisque serrure vient de serrer, pourquoi ce dernier mot n'est-il pas resté, ou pourquoi n'avoir pas dévié sur le joli loqueter. « Je ne peux pas entrer, la porte est loquetée », ce n'est pas si mal. Pourquoi ces verbes ont-ils disparu miraculeusement ? Nos ancêtres étaient donc moins abstraits ? Ce qui est étonnant aussi, mais compréhensible, c'est que lorsqu'il manque des mots en français, ce sont, comme par hasard, des termes qui n'entrent à aucun moment dans la conversation bourgeoise — les mots de la terre, par exemple :

Lorsqu'on laboure un champ avec des bœufs ou des vaches, le sillon ne peut pas aller jusqu'à la limite du champ puisque l'attelage bute contre la haie, alors que le soc est encore à deux ou trois mètres à l'arrière. On est donc obligé de laisser de chaque côté du labour une bande de terre où la charrue ne peut pas passer : c'est ce qu'en occitan on appelle la « tovèra ». Il n'y a pas de mot en français pour désigner la « tauvera ». C'est pourtant chez nous un fait de civilisation qui a son importance, car un cultivateur consciencieux termine cette bordure bien spéciale à la bêche alors qu'un autre peut la laisser en friche, selon son tempérament. « Il bêchait toujours ses tovères », chez moi, constitue l'éloge du bon travailleur méticuleux. Il n'y a aucune trace d'une telle notion dans la langue française.

123

Nous avons en anglais : *lawn* (la pelouse), c'est-à-dire une étendue herbeuse — et aussi *turf*, qui est la pelouse considérée, non plus en surface, mais avec la couche du sol qui contient les racines de l'herbe. Il existe également *sod*, qui est une motte de terre garnie d'herbe et en général découpée à la bêche. Ce sont là des précisions rustiques importantes dans le langage quotidien, mais qui ont été sans doute de peu d'intérêt pour la cour de France, car nous en avons, en français, la pelouse, où l'on s'étend à l'aise, et c'est tout — avec gazon, qui désigne une qualité d'herbe particulière. En occitan, au contraire, nous avons très exactement les mots correspondant à ces notions : *lawn* (« pelosa »), *turf* (« pelain ») et *sod* (« glèva »).

De la même façon, le français ne distingue pas entre les barreaux d'une fenêtre et les barreaux d'une échelle. L'occitan les distingue, l'anglais aussi :

Pour la fenêtre : « barreu » — *bar* ;

Pour l'échelle : « pecolh » — *rung*.

Par contre, il est des domaines où le français perd toute notion d'abstraction et de détachement hautain, où il redevient tout à coup sérieux, concret, précis, tatillon même dans son besoin de désigner les choses avec une minutie farouche. Quel domaine ? Voilà qui est surprenant ! Quelles choses ?... Ah ! mais, justement le domaine technique qui fait partie de la conversation et des préoccupations des hautes sphères de la société ! Prenons les bijoux par exemple : l'anglais en désigne une quinzaine, ce qui n'est pas mal, mais, langue technique, il ne distingue même pas entre anneau et bague — *ring*. Le français ? Ah ! il n'y avait que quatre mots dans le *Robert* pour désigner les marmites, mais les différents bijoux ont chacun leur nom. Pas du tout génériques, les joyaux ! Je ne peux pas résister au plaisir de les citer tous, car on croirait que je mens : agate, aigrette, alliance, anneau, bague, bandeau, boucle d'oreille, bracelet, breloque, broche, camée, chaîne, châtelaine, clip, cœur, coulant, crochet, couronne, croix, diadème, dormeuse, épingle, esclavage, ferronnière, fronteau, gourmette, jambelet, jeannette, médaillon, parure, pendant, pendeloque, pendentif, plaque, rang, rivière, sautoir. Comme le *Robert* a oublié, au moins, collier, tiare et tour-de-cou, cela fait quarante mots techniques pour désigner les bijoux !

Et le cheval ?... La plus noble conquête de l'homme qui, du Moyen Age à nos jours, a été la bête chérie de toutes les noblesses. A-t-elle laissé de vieux mots en route, au passage de Malherbe et de Boileau ? Non. En deux pages entières du *Robert,* sans tenir compte des races, des harnachements ou des attelages, j'ai compté (sauf erreur) deux cent quatre-vingt-dix-sept mots se rapportant au cheval ! Il a, cet animal, quarante-sept maladies et, le croirait-on, pas moins de quarante couleurs : alezan, arzel, aubère, bai, baillet, balza... Toutes teintes que personnellement j'ignore complètement ! On aurait tendance à penser aussi qu'un cheval se déplace à trois allures différentes : le pas, le trot, le galop. Quelle erreur ! Il y en a onze, et les vieux termes d'ancien français abondent :

amble, aubin, canter, entrepas, galop, mésair, pas, trac, train, traquenard, trot !

Qui a dit que le français était une langue abstraite ! qu'il a le génie de ne pas tenir compte du détail ! En vérité le français a le génie de ne pas tenir compte du détail quand le détail importe peu aux princes, barons, et autres nobles chalands des boudoirs de marquises. Cette belle épuration de notre langue s'est faite au détriment du parler populaire, et le pli étant pris, les mots qui sont venus enrichir la langue ont été forgés d'abord par la même caste, puis par des spécialistes. On a beau jeu après de dire que le français préfère ceci ou cela !

A propos des doublets savants et populaires, MM. Vinay et Darbelnet remarquent : « Une importante différence stylistique entre l'anglais et le français est la préférence de l'anglais pour des mots simples tirés du vieux fond germanique, là où le français emploie un terme savant, dont le sens n'est pas évident pour une personne peu instruite. » Et de citer une liste comparative avec : hebdomadaire et *weekly*, papille gustative et *taste bud*, plan quinquennal et *five year plan*, etc. C'est tout à fait juste, mais ce qu'il faut comprendre, c'est que, justement, le peuple français ne préfère pas ces mots-là ! On les fait pour lui et on les lui impose ! On ne lui a jamais demandé ses préférences au peuple français, en matière linguistique ! S'il ne tenait qu'à lui, il s'en passerait volontiers de ces mots savants qui l'embarrassent autant qu'ils pourraient embarrasser un public anglais, ou bavarois, ou malgache ! Il n'est qu'à voir les « personnes peu instruites » et leurs démêlés avec les formulaires administratifs... Parce que si « concours hippique — *horse-show*, arbre généalogique — *family tree* », que citent les auteurs, sont passés dans le langage courant, d'autres mots de la liste tels que : véhicule hippomobile ou réaction caténaire (*horse-drawn vehicle* et *chain reaction*) ne sont pas à la portée du premier venu. D'autres expressions, telles que « isolation phonique » me demandent à moi-même un petit temps de réflexion, alors que « *sound-proofing* » est immédiatement clair. Quant à « charge alaire », je dois avouer que son équivalent « *wind load* », m'évite tout simplement de chercher dans un dictionnaire. C'est

128

la vieille tradition qui se poursuit, puisque les mots ne sont faits ni par ni pour le peuple.

Mais, me direz-vous, pourquoi dans ces conditions le peuple n'invente-t-il pas ses mots lui-même ? Eh bien ! il le fait dans une certaine mesure, et il ne le fait pas complètement. C'est l'argot — le truc, le machin. La réponse est assez complexe, j'en parlerai plus loin. Il faut dire pourtant que, dans bien des cas, où l'on empêche — qui est ce « on » impersonnel ? — eh bien ! disons pour l'instant que c'est la tradition. En France, la démocratisation est loin d'avoir atteint le domaine du langage. On ne se débarrasse pas aussi facilement d'habitudes séculaires, surtout dans la mesure où la langue elle-même conditionne la réflexion que l'on peut faire sur elle. C'est un peu le cas des névroses qui portent en elles-mêmes leur propre système de défense, coupé du réel, mais cohérent à l'intérieur même du schéma névrotique.

Des noms ou des verbes ?

Le français, dit-on, préfère le substantif (c'est-à-dire le nom) au verbe. Par exemple — et là encore je suis l'excellente analyse de Vinay-Darbelnet — le français n'emploie pas « dès qu'il arrivera », mais « dès son arrivée » — là où l'anglais utilise seulement la tournure verbale « *as soon as he arrives.* » De même, on ne dira pas : « Les gens ont applaudi lorsque les troupes ont passé », mais plutôt : «... ont applaudi sur le passage des troupes » — pour « *people cheered as the troops marched by* ». Or, traduire une action — arriver, passer — par un nom, une tournure nominale — son arrivée, le passage — au lieu d'employer un verbe, est une attitude de l'esprit qui tend à « présenter les événements comme des substances ». Cela signifie qu'on ne décrit pas le réel tel qu'il est donné — « les troupes ont passé » — mais qu'on le fixe, qu'on l'analyse pour en communiquer l'essentiel, le passage. A. Chevrillon, cité par Vinay-Darbelnet, indique : « Le français traduit surtout les formes, états arrêtés, les coupures imposées au réel par l'analyse. »

Cette caractéristique, qui peut paraître anodine à un lecteur non averti, est un fait extrêmement important en ce sens qu'elle illustre un trait fondamental du français qui tend à donner l'idée plutôt que les faits, ou encore à interpréter le réel. C'est le processus même de l'abstraction, qui rejoint la tendance à employer le mot-idée de préférence au mot-image, et c'est pourquoi l'on dit, à juste titre, que le français est une langue abstraite.

Cela, signifie-t-il, encore une fois, que cette « intellectualisation » du langage provient d'une tradition naturelle, commune à l'ensemble des Français, dont le cerveau porterait, en naissant, la « bosse de l'abstraction » ? C'est douteux. Je ne pense pas en tout cas que la masse de la population occitane naisse ainsi. En effet, l'occitan — bien que langue romane, influencé par le français au cours du dernier siècle — est encore bien plus comparable à l'anglais dans ce domaine. Je n'hésite pas à dire que le génie de l'occitan préfère le verbe, le réel, à sa transposition nominale. Il dira : « *As the troops marched by* » (« quand los soldats passeron »), et non pas « au passage des troupes ».

De même, pour reprendre les autres exemples de *stylistique comparée* :

« *The natives opened out as he came up* » (« Los indigenas se gandiron de chada pan quand s'aprochet »), et non « les indigènes s'écartèrent à son approche ». Notons au passage que la phrase en occitan est aussi descriptive et imagée que l'anglais : « *opened out* », alors que « s'écartèrent » ne fait que rendre l'idée générale du mouvement sans donner la notion d'ouverture.

« *As soon as he arrives* ». (« Quand arribarà »), et non « dès son arrivée ». *After he comes back* (« Quand serà tornat »), et non pas « après son retour ». *When he gets up* (« Quand se levarà »), et non pas « à son lever ». « A son levar » est aussi impossible et ridicule en occitan que « *His getting up* » le serait en anglais !

Cette tendance à l'abstraction nominale me paraît caractériser une langue bien définie, le français officiel, mais ne me semble pas correspondre nécessairement aux besoins fondamentaux d'un langage populaire. Du reste, cette tendance à l'abstraction était infiniment moindre avant le XVIIe siècle, comme on peut en juger à la lecture de Rabelais. Avant de citer un extrait des *Guerres picrocholines*, choisi exprès parmi les moins imagés pour ne pas mêler les notions, je vais d'abord présenter les événements en traduction moderne, c'est-à-dire en utilisant un langage actuel qui pourrait être celui d'un journaliste ou d'un historien contemporain :

« Sur ces entrefaites [Grangousier « se chauffait les couilles à un beau, clair et grand feu »], Pillot, l'un des bergers chargés de la surveillance du vignoble, se présenta devant lui et fit un récit détaillé des exactions et des pillages auxquels Picrochole se livrait sur ses terres. Il rapporta comment le roi de Lerné avait saccagé son domaine, et les ravages qu'il avait commis dans tout le pays, à l'exception du clos de Seuillé que frère Jean des Entommeures avait courageusement sauvé du pillage. Le berger expliqua que le roi était à présent à La Roche-Clermaud où il s'occupait activement à la construction de remparts pour se mettre à l'abri avec son armée. »

Texte de Rabelais :

« Un des bergiers qui guardoient les vignes, nommé Pillot, se transporta devers luy en icelle heure, et raconta entièrement les exces et pilloiges que faisoit Picrochole, roy de Lerné, en ses terres et dommaines, et comment il avoit pillé, saccagé tout le pays, excepté le clous de Seuillé, que frère Jean des Entommeures avoit sauvé à son honneur, et de present estoit ledict roy en La Roche-Clermaud, et là, en grande instance se remparoit luy, et ses gens ».

La différence de ton et de saveur entre les deux textes est celle qui existe souvent — pour ne pas dire presque toujours — entre un texte anglais et sa traduction française. Que l'on compare : « Il se remparoit » et « he embattled ».

En feuilletant un dictionnaire d'ancien français, je suis toujours frappé du nombre de verbes concrets, imagés qui ont disparu. J'ai signalé loqueter ; en voici quelques autres qui ont vécu jusqu'au XVIe siècle inclus : batailler (livrer bataille), que la langue populaire conserve dans le sens de prendre de la peine — « Ah ! il faut batailler. » Anublir (se couvrir de nuages). Aparler (adresser la parole à quelqu'un). Bersalder (cribler de flèches). Pourquoi n'utilise-t-on plus chevir (venir à bout de quelque chose) ? Sûrement parce qu'il n'était pas jugé assez intellectuel au XVIIe siècle — le peuple l'utilisait. Témoin Molière qui le met dans la bouche du ridicule M. Dimanche : « Je ne peux en chevir. » Pourquoi soleiller (s'exposer au soleil, ou se promener au soleil) ? « Nous avons soleillé tout l'après-midi sur la plage » ne serait pas plus idiot qu'autre chose. Pourquoi dolir (faire mal), liper (boire à petits coups, *to sip*) ? Rondir (parcourir à toute vitesse), qui serait bien utile pour traduire *rush*. Juper (appeler en criant) qui traduirait *shout*. J'ai été franchement surpris d'apprendre que « s'épiner » (s'enfoncer une épine) s'était arrêté au XVIe siècle. Pourquoi ? C'est un mot tout à fait vivant que j'emploie depuis mon enfance : « Je me suis épiné. » J'ignorais totalement qu'il avait été supprimé du langage ! Il a fallu tout récemment le hasard d'un dictionnaire, sinon j'allais l'employer jusqu'à la fin de mes jours ! Quelle honte, un mot que nos chers souverains ont refusé il y a si longtemps, et je n'en savais rien ! J'en rougis ! Ah ! heureusement que nous avons eu Malherbe !...

Atterrir sur la lune !...

Ce qui est certain, c'est que les millions de Français qui parlent aiment bien les verbes, et pas seulement les Français d'Occitanie. Se rendre à une consultation médicale se dit « consulter ». « Il s'est consulté » veut dire : « Il est allé voir un médecin. » De même, si le docteur lui fait une traitement à la pénicilline, on dira : « Il le soigne à la pénicilline. » Si le cas est plus sérieux, on lira dans le journal local qu' « il a subi une intervention chirurgicale » — mais la nouvelle propagée de bouche à oreille sera : « Il a été opéré. » Notons que l'anglais ne fera pas cette distinction pédante et dira dans les deux cas : « *He had an operation.* » Dan le même ordre d'idées : « On lui a fait le vaccin antitétanique » est une manière plus abstraite de dire qu'il « a été vacciné contre le tétanos ». Les bonnes gens utiliseront même un verbe plus imagé en disant : « Il a été piqué contre le tétanos. »

Ce sont là des tours populaires ? Bien sûr, c'est exactement ce que je dis : la tendance populaire serait plutôt d'employer des verbes de préférence aux tournures nominales. Dans certains milieux, on « procède à des interventions » ; dans d'autres, on « se fait pistonner ». Hier, Philippe, onze ans, annonce en rentrant : « J'ai marché quatre kilomètres » — il ne connaît pourtant pas l'anglais : « *I walked four miles.* » C'est l'instinct ; il ne sait pas encore, ô innocence ! que le peuple auquel il appartient est censé préférer les tournures nominales, et que par décision d'en haut il doit dire : « J'ai fait quatre kilomètres à pied. » Les intellectuels le savent. Ainsi : « Dans ses *Querelles de langage*, André Thérive fait remarquer que l'accent de la phrase tend à porter sur le substantif plutôt que sur le verbe, de sorte que si " se démettre " devient archaïque, c'est " donner sa démission " qui doit le remplacer et non " démissionner " — création barbare, artificielle, ridicule. » (Vinay-

Darbelnet) Mais pourquoi ? A quel titre, selon quels critères ? Je ne vois vraiment rien de ridicule à « démissionner » !... Si, peut-être — pour ce monsieur, ça doit être une création barbare parce que le peuple l'utilise couramment, que c'est une création instinctive qui ne va pas dans le sens du quarante et unième siège de l'Académie, lequel tient beaucoup, lui, aux « coupures imposées au réel ». Disons que les intellectuels refusent les verbes. D'où le récent et lamentable exemple d' « alunir » ! Pour une fois que les Français voulaient faire un mot ! Un mot bien à eux, qui ne venait pas d'outre-Manche, qu'ils fabriquaient tout chaud, tout léger ! On l'attendait, cet alunir : la masse des Français, excités par l'extraordinaire aventure des hommes sur la lune, en retrouvaient la parole ! On sentait qu'il fallait célébrer cet événement, qui réalisait le vieux rêve du fond des âges, en se fendant d'un mot neuf. Alunir, bien sûr ! Un bien joli mot, et juste, et pas du tout artificiel, qui chantait l'image, la visite là-haut au vieux porteur de fagot ! Qui renouait avec la vieille langue : un verbe en « ir », il n'y en avait pas eu depuis

138

des siècles !... C'était trop beau ! Je ne sais pas par quelle aliénation mentale les doctes ont renâclé ! Les académiciens ont hoché gravement leur chef cornu et ont fait savoir par voix de presse et de télé leur verdict : pas d'alunir. « Pas d'alunir ? — Refusé ! — Mais pourtant... — Vous direz atterrir sur la lune, comme tout le monde ! — C'est ridicule ! — Alors vous direz « se poser sur la lune », et qu'on ne rouspète pas !... Non mais ! qui est-ce qui commande !... » Oui, en effet, qui est-ce qui commande ? Comment peut-on concevoir qu'en France, aujourd'hui, après un siècle de république presque ininterrompue, on puisse encore tenir compte de pareilles balivernes ?... Peut-être que la crainte de la bourgeoisie langagière en France, c'est que les masses se mettent à parler. Et si le peuple allait court-circuiter ce langage d'archevêques si commode pour le gouverner ? S'il allait inventer un langage pour réclamer sa liberté ?... On peut voir dans le refus d'alunir un simple et regrettable caprice de vieillards qui n'ont pas encore digéré leurs versions latines, on peut y voir aussi la démarche d'une classe dominante qui

139

se défend. Eh oui ! On commence par accepter alunir et on retrouve la foule en train de chanter des slogans qu'elle s'invente ! On a déjà vu « Aimez-vous les uns sur les autres » peint sur les murs de Paris...

Interpréter le réel

Certes je n'ai pas l'intention de passer en revue tous les éléments qui concourent à faire du français une langue élaborée qui aboutit à une transfiguration, et non pas à une transcription du réel. Je citerai cependant la tendance bien connue dans l'agencement de la phrase française à rejeter les propos vers la fin de l'énoncé. « En d'autres termes, le français ne commence pas par l'essentiel, mais achemine le lecteur vers le début de l'énoncé, qui joue ainsi le rôle de point culminant du message », dit le Vinay-Darbelnet.

Effectivement, si je relis ce que je viens d'écrire, les exemples de cette démarche abondent. Par exemple dans : « La masse des Français, excités par l'extraordinaire aventure des hommes de la lune, en retrouvaient la parole ! » L'idée importante, le propos, tient dans les derniers mots : « retrouvaient la parole », que j'ai, d'instinct, reportés en fin de phrase au lieu d'écrire normalement « les Français retrouvaient la parole, excités par l'extraordinaire aventure des hommes sur la lune. » Dans ce cas, ce serait l'idée « hommes sur la lune » que je soulignerais, l'action principale se trouvant presque mise au second plan parce qu'énoncée trop tôt. De même dans une autre phrase, c'est le refus des doctes qui m'importe et non les causes de ce refus, d'où le rejet : « Je ne sais pas par quelle aliénation mentale les doctes ont renâclé ! » Pour expliquer ce phénomène, il faudrait certainement faire appel de nouveau aux notions de phonétique évoquées plus haut. Dans sa prononciation, la phrase française, contrairement à l'anglaise, monte vers un point culminant, ce que l'on appelle l'intonation ascendante. Cela fait partie du caractère extraverti de la langue, le Français ayant des habitudes respiratoires certainement liées à un processus psychologique, qui lui fait hausser la voix au fur et à mesure de son émission. Pour reprendre le dernier exemple, si j'écrivais : « Les doctes ont renâclé par je ne sais quelle aliénation mentale ! » mon indignation porterait phonétiquement sur ces derniers termes, ce qui changerait notablement le sens de mon propos.

C'est aussi à des considérations phonétiques qu'il faut se reporter pour comprendre la place de l'adjectif en français et en anglais. Dans « cheval blanc », c'est blanc qui est le terme essentiel, comme dans « *white horse* », c'est *white*. Or, l'accent tonique en français est placé sur la dernière syllabe d'un groupe de mots constituant un élément rythmique. Dans « cheval blanc », blanc est automatiquement accentué, ce qui souligne vocalement son importance. L'anglais, au contraire, accentue le premier mot, la voix tombant ensuite dans une intonation descendante, et dans « *white horse* », *white* se trouve mis en valeur pour les mêmes raisons.

Ainsi, peu enclin à s'épancher, l'anglais annonce tout de suite l'idée essentielle, laissant les commentaires venir par surcroît, et parfois comme à regret dans un fléchissement de la voix. On peut imaginer que c'est là le langage des gens pressés d'exprimer ce qu'ils ont à dire, et qui préfèrent annoncer d'abord les choses importantes, par crainte de ne pas avoir le temps d'achever leur phrase — comme pour s'assurer que l'essentiel du message passera, tant pis si le vent emporte le reste. On pourrait romancer, bien sûr, évoquer l'influence de la marine à voile ou à rame chez un peuple insulaire. Je m'en abstiendrai, mais il est certain que la langue française demande plus de temps et plus de détachement pour acheminer l'auditeur vers le « but de l'énoncé ». En rejetant son propos en fin de phrase, le Français crée chaque fois une petite attente, un léger suspense, qui confine parfois à la coquetterie, au « devinez ce que je vais dire », ce qui caractérise parfaitement le ton et les manières de la conversation de salon. Certaines phrases de Proust sont extrêmement révélatrices à cet égard, et je tiens qu'un tel génie n'a pu se développer que chez un peuple oisif, qui a tout son temps pour classer les éléments du message dans sa tête d'abord, puis de les développer à loisir pour des auditeurs qui n'ont rien d'autre à faire qu'à l'écouter.

Afin d'illustrer par un exemple le travail mental nécessaire à cette mise en forme si particulière à notre langue, et toujours en suivant les données de « linguistique comparée », je supposerai deux personnages qui parlent entre eux d'un ami commun. Ce dernier, pour une raison quelconque, s'est attiré un procès, et l'un des interlocuteurs demande à l'autre quelle a été la réaction de leur ami à la perspective d'être traduit devant un tribunal. Réponse : « Oh ! il s'en faisait pas !... Il a attendu tranquillement le début du procès... De toute façon, il était sûr de gagner, alors !... » Le personnage répond directement à la question et relate l'attitude de leur ami dans l'ordre où les idées lui viennent, c'est-à-dire dans l'ordre d'importance décroissante : tranquillité d'esprit, attente du jugement, raison de cette tranquillité. C'est un ordre naturel dans la conversation familière, et je suppose qu'un Anglais répondrait à peu près de la même façon :

« *Well... he felt rather unconcerned really...*

He just waited for his case to open... He was sure to win, anyway !... »

Toutefois, si cette réponse, au lieu d'être faite oralement, figure dans un rapport écrit ou dans une quelconque narration, il y aura un tassement de la phrase et une articulation propre à la langue écrite qui supprime les hésitations. Cela pourra donner en anglais, selon Vinay-Darbelnet :

« *He waited unconcernedly for the opening of the case as he felt sure to win.* »

La phrase écrite garde le même déroulement que l'expression parlée, l'ordre d'importance décroissante. Quant à la phrase en français telle qu'on pourrait la lire dans un roman, elle établit un cheminement inverse qui, par un raisonnement logique, lui fait donner d'abord les causes de la tranquillité, et lui permet de placer la notion importante à la fin de l'énoncé :

« Sûr d'obtenir gain de cause, il attendit sans inquiétude l'ouverture du procès. »

On comprend sans peine, non seulement

combien la phrase écrite est loin du texte parlé, mais aussi quelle gymnastique de l'esprit elle suppose — donc quelle coupure par rapport au réel — et par conséquent le niveau d'abstraction auquel elle se place.

Un triste paradoxe

Un très bon exemple du caractère abstrait de la langue française par rapport à la langue anglaise nous est donné dans l'ouvrage auquel je me réfère depuis le début, au chapitre des métaphores. Les auteurs citent un passage de *The Diminished Mind*, de Mortimer Smith :

« *But because progressive education carries a heavy burden of sins I do not think we can use its back as a convenient place on which to pile all our present troubles.* »

Traduit littéralement, cela donne :

« Mais, du fait que l'éducation dite nouvelle porte une lourde charge de péchés, je ne crois pas que nous puissions nous servir de son dos comme d'un endroit commode pour y entasser tous nos ennuis actuels. »

146

« Il est évident qu'aucun Français n'écrira ainsi de lui-même », commente très justement Vinay-Darbelnet. Cette façon de traiter une idée abstraite — « l'éducation nouvelle n'est pas responsable de tous nos ennuis » — en la mettant en image d'une manière aussi prosaïque n'est pas du tout naturelle en français. La forme est lourde, et il paraît saugrenu de ramener des idées au niveau d'une comparaison de charretier. Si l'on emploie une métaphore en français c'est pour « embellir » le propos, et non pour lui donner une teneur triviale — le fromage devient chez nous « un caprice des dieux ». En quelque sorte, nous avons la métaphore du petit doigt levé et non pas celle des poings sur les hanches. Pourtant, la phrase anglaise est claire et cette curieuse métaphore passe très bien. Elle consiste en fait à prendre les deux termes abstraits du message, et au lieu de les traiter comme tels, à faire de « l'éducation nouvelle » une bête de somme qui porterait les « ennuis actuels » considérés comme des objets. Son rôle est de tirer l'abstrait vers le concret pour donner à l'idée une valeur imagée plus pesante. Mortimer Smith

aurait très bien pu écrire, par exemple :
« *But because progressive education has indeed caused a great many errors in the past I do not think we can make it responsible for all our present troubles.* » Prise isolément, la phrase ne comporte aucune difficulté, mais plusieurs pages écrites dans ce style, et en ce qui concerne un livre, plusieurs chapitres, provoquent une sorte de lassitude chez un lecteur anglais, qui répugne à suivre un long développement dans un vocabulaire uniquement abstrait. Si un raisonnement se poursuit trop longtemps sur le plan théorique et n'est pas rattaché à la réalité de la vie par des mots de tous les jours, des images solides qui parlent d'elles-mêmes, l'Anglais a l'impression qu'on le promène dans des sphères trompeuses et qu'on cherche à lui faire croire n'importe quoi. Il a une réaction de bon sens paysan : il se méfie beaucoup des notions incontrôlables et se lasse vite à demeurer toujours sur le plan de l'entendement. D'où la nécessité pour un auteur d'animer son récit, de l'amarrer par un style quelquefois à ras de terre, surtout s'il s'adresse en principe à un vaste public.

L'emploi du mot « pécher » aidant, on n'a aucune peine, dans la métaphore ci-dessus, à sentir une sorte d'arrière plan biblique. Elle est un peu comme une parabole en abrégé. Or, le rôle d'une parabole est précisément de faire comprendre des notions hautement abstraites à un auditoire simple, en illustrant ces notions dans la vie quotidienne au moyen d'une petite fable. C'est la façon de rendre concret et accessible à tous ce qui est abstrait et qu'un langage théorique réserverait à des intellectuels spécialistes. Recourir à l'image : une tendance constante chez un auteur anglo-saxon qui se refuse à manier des concepts uniquement dans l'abstrait, et qui, lorsque son sujet l'oblige à le faire, corrige ce défaut en ramenant brusquement le langage à ras de terre, quelquefois même par une pirouette ou une plaisanterie, comme pour s'excuser d'employer des grands mots. Car la crainte d'être ridicule en anglais, c'est la crainte d'être pédant. Il faut convenir que c'est souvent l'inverse en français : on craint d'être ridicule en utilisant un langage trop clair qui est compris de tout le monde. Plus on est abstrait, pédant, et donc plus on s'adresse à une élite, plus on a de chances d'être pris au sérieux. C'est là l'influence durable de l'évolution historique de nos deux pays — une langue profondément démocratique d'une part, une langue profondément aristocratique de l'autre. Ou bien est-ce que je devrais employer le mot « génie » ? C'est ça ! Le génie du français, c'est de se croire encore à la cour de France !

Que l'on juge en effet par la traduction, parfaitement naturelle j'en conviens, que proposent Vinay-Darbelnet de la phrase de M. Smith :

« Du fait que l'éducation dite nouvelle a un lourd passif, il ne s'ensuit pas, à notre avis, que nous devions lui imputer tous nos ennuis actuels. Ce serait trop commode de la prendre comme bouc émissaire. »

Les auteurs ajoutent : « La dernière phrase pourrait à la rigueur être omise. » Je ne suis pas d'accord, parce que c'est la seule qui soit claire. Si l'on s'en tient à la première, elle traduit effectivement l'idée du passage, mais à quel niveau d'abstraction comparé au texte original ! Il faut avoir fait des études sérieuses pour comprendre d'emblée « un lourd passif », et « imputer » (mettre sur le compte de...) ne fait pas partie du vocabulaire de tout un chacun. Ce sont des termes qui sont loin d'être à la portée de tout le monde, et la phrase ne sera comprise immédiatement que par des intellectuels rompus à un certain langage abstrait, et pas du tout par le commun des Français qui a fait des études élémentaires. Alors que la phrase anglaise, elle, est claire à la première lecture, aussi bien pour un enfant de douze ans que pour un ouvrier, que pour un professeur — en fait pour quiconque sait lire l'anglais — la tendance du français est de ne se soucier que modérément de l'intérêt du lecteur. A tel point que les auteurs de l'ouvrage de stylistique n'ont pas voulu penser — et à juste titre — à une traduction plus simple et plus imagée. Il est pourtant possible, en partant de l'expression courante « avoir bon dos », de restituer en partie la métaphore anglaise. Je propose, par exemple :

« L'éducation nouvelle a bon dos, mais ce n'est pas une raison pour la charger de tous les péchés de la création, et sous prétexte qu'elle a déjà fait commettre de lourdes fautes, je trouve qu'il est un peu trop facile de l'accuser maintenant de tous nos malheurs. »

Mais, plus familière et plus près de l'anglais, je dois avouer que ma phrase n'a pas la même autorité, la même saveur intelligente que la phrase au « lourd passif ». Parce qu'elle est accessible à tous, elle fait moins distingué, moins docte, et donc moins convaincante. C'est un triste paradoxe de la langue française et de son génie aristocratique : plus elle s'adresse aux Français en général, et moins on la prend au sérieux.

5

La langue et la vie

Une des premières conséquences de cette raréfaction d'une langue grandie en serre et manipulatrice de concepts, c'est que, comparée à nombre de ses voisines, la langue française a tendance à manquer d'air. Certes, élevée dans les bonnes manières d'une caste qui a su la préserver, elle ne sent pas la transpiration populaire, et les « passions » (comme on disait autrefois) ne la bouleversent pas facilement non plus. L'ennui, c'est qu'avec toutes ces qualités d'aristocrate elle a aussi tendance à manquer un peu de chaleur humaine. Je m'entends.

De plus en plus, les linguistes se préoccupent du fait qu'une langue donnée est le reflet de la culture particulière du peuple qui la parle. Les spécialistes appellent métalinguistique l'étude des rapports qui existent entre les faits de civilisation d'une nation et son langage. L'exemple le plus élémentaire qui puisse illustrer ces rapports est le cas de l'objet qui existe dans un pays et qui est inconnu dans l'autre, et où par conséquent le mot qui désigne cet objet n'a pas d'équivalent dans l'autre langue. Comme en Angleterre on boit le thé en mangeant, il faut que la théière reste chaude pendant la durée du repas. Pour l'empêcher de refroidir, on la couvre avec un objet spécial, généralement une sorte de coussin creux, brodé, qui existe dans tous les ménages et que l'on appelle un *tea-cosy*. Nous n'avons ni l'objet ni le mot. En Limousin, pays de châtaigniers, on blanchit les châtaignes dans une marmite, depuis des siècles, à l'aide d'un ustensile fait de deux tiges de bois articulées, à la manière d'un grand ciseau qui s'appelle un « rescalador ». Il est évidemment impossible de désigner cet objet en français ou en anglais. Il est plus difficile de penser à un objet familier typiquement français qui n'existe pas outre-Manche ; le seul que j'ai pu trouver est le célèbre « bidet » qui étonne toujours nos visiteurs anglo-saxons non prévenus. Mais on pourrait multiplier les termes qui désignent dans un pays des notions précises dues aux habitudes de vie, de pensée, et que ne recouvrent que partiellement les termes de l'autre langue. Ainsi, les surveillants n'existent pas dans les collèges anglais et il n'y a pas de mot qui traduise « pion », non plus que de mots en français qui traduisent « *school prefect* » — élève des grandes classes chargé par élection de veiller à la bonne tenue des plus jeunes. La divergence entre les mots recouvre la divergence qui existe entre les faits — un *prefect* n'est pas un pion — et, au-delà, entre la façon de concevoir l'organisation scolaire dans les deux pays : d'un côté l'ordre imposé par le pion, de l'autre l'autodiscipline contrôlée par le *prefect*.

Au fond, les rapports entre la langue et les faits de civilisation, c'est en partie l'objet de ce livre, et les constatations que j'ai faites depuis le début de ce chapitre relèvent toutes de la métalinguistique. En quelque sorte, on pourrait dire que la métalangue du français c'est la bourgeoisie française dans son ensemble, et il est certain qu'en dehors même

155

des éléments de structure que j'ai tenté d'analyser plus haut et qui reflètent effectivement le caractère de la classe sociale dont la langue française est issue, cette métalinguistique particulière est d'une conséquence plus vaste et plus générale dans un pays où l'ensemble du peuple n'a l'usage de l'idiome national que depuis une époque relativement récente. Là encore il est utile de recourir à des comparaisons avec l'anglais, langue qui n'est pas le produit d'une fraction de la population, mais qui constitue, depuis des siècles, le mode de pensée et d'expression d'une nation tout entière, de ses rois comme de ses valets de ferme, de ses gendarmes et de ses voleurs. En effet, à l'intérieur d'un mode de vie et de pensée il se crée des codes particuliers, des points de référence qui, d'une certaine manière, sous-tendent le langage, et que les linguistes analysent sous le terme d'allusion. Si des enfants, par exemple, crient à un cycliste « Baisse la tête » ! il s'agit de la forme abrégée de « Baisse la tête t'auras l'air d'un coureur » qui constitue une allusion évidente au sport cycliste et au « Tour de France » en particulier. Les clichés procèdent en général de l'allusion, qui est souvent historique : « la poule au pot » se réfère à Henri IV, « un coup de Trafalgar » à la célèbre défaite surprise, etc. C'est là un domaine très vaste que je n'ai nullement l'intention d'explorer. Il faut noter également que plus l'expérience vécue est commune à tous les individus d'un groupe et plus le langage de ce groupe a tendance à utiliser l'allusion. C'est le cas en particulier des jargons de métier liés à des habitudes de travail précises et qui sont quelquefois indéchiffrables pour des non initiés.

Les termes d'argot qui viennent à être employés par un large public procèdent souvent d'un phénomène d'allusion au départ. Ainsi, « se pointer » quelque part provient de la réglementation des usines qui obligent les ouvriers à pointer à l'aide d'une carte glissée dans une horloge, laquelle imprime l'heure de leur entrée et de leur départ. Il est bien évident qu'une pareille allusion n'a pu naître qu'en milieu ouvrier, parmi des gens chez qui l'arrivée à la porte de l'usine au petit matin est chargée d'une signification précise. Pointer est devenu rapidement en langage populaire synonyme d'aller au travail — travail d'usine, le plus rebutant — puis, par dérision, et comme pour tempérer par l'humour son sens de sinistre obligation quotidienne, le terme s'est étendu à aller tout simplement quelque part. Il est certain aussi que cette résonance abusive a fort peu d'effet sur une catégorie sociale, mieux nantie, qui ignore tout du célèbre pointeau et qui passe ses journées loin des ateliers et des chaînes de fabrication. Or, comme c'est cette même catégorie sociale qui a toujours, en France, le pouvoir de législation en matière linguistique, et la haute main sur le bon usage, il n'est pas étonnant que « Il s'est pointé à trois heures » soit considéré comme un tour bas et populaire. C'est bien sous cette appellation qu'il est enregistré dans le dictionnaire. Car c'est un des traits délicats du génie de la langue française que les allusions prolétaires, pour justes et imagées qu'elles soient, ne sont pas admises à circuler en milieu bourgeois — c'est-à-dire dans la langue officielle. Il s'ensuit un certain clivage dans le parler de France, qui fait du reste la joie des étrangers et dont les dictionnaires font fidèlement écho par la classification qu'ils donnent à leurs rubriques.

Un dictionnaire anglais ne distingue en gros que trois niveaux dans la langue (hormis les termes purement poétiques) : le niveau général, le niveau familier *(colloquial),* et le niveau argotique *(slang).* Un dictionnaire français est beaucoup plus subtil : en dehors du niveau strictement poétique, il distingue — au-dessous du niveau général — « familiers », « populaires », « argotiques » et « vulgaires ». Que l'on compare des termes comme *colloquial,* qui veut dire « utilisé dans la conversation ordinaire » *(used in ordinary conversation* ») — et populaire — « à l'usage du peuple », et l'on peut facilement se rendre compte que l'état d'esprit qui préside à la classification des mots est sensiblement différent dans les deux langues. La langue écrite, en anglais, comprend le niveau général et le *colloquial ;* le français écrit, lui, s'arrête au niveau familier, « limite inférieure du bon usage ».

Il est à remarquer, du reste, qu'un mot inventé ou utilisé par la bonne société française n'est jamais populaire. Et pour cause !

Il entre tout de suite au niveau décent et ne peut être à la rigueur que familier, quelle que soit la fantaisie qui a présidé à son invention. Ainsi, dans l'excellent *Robert*, je note que l'expression « au pifomètre » n'est dotée d'aucune épithète dépréciative, non plus que « plastronneur », parce que ce sont des termes à la mode dans les milieux aisés. On pourrait penser que « embrayer sur quelque chose » est un tour argotique. Il n'en est rien. Cette expression n'est même pas considérée comme familière, avec cette citation de Mauriac : « Mais que dire de cette dialectique tranchante et inefficace des hommes de gauche qui n'embraye sur rien ? » Par contre, le même « embrayer » est populaire lorsqu'il signifie reprendre le travail dans une usine : « On embraye à sept heures ! » On pourrait croire que j'invente ! Que nous ne sommes plus sous Louis XIV ! Je prie instamment le lecteur de vérifier mes dires dans le dictionnaire analogique *Robert*, qui ne date pas d'Hérode, mais dont le supplément où je puise ces informations a paru en 1970. Il pourra se rendre compte que « embringuer » est seulement familier chez

160

Montherlant — « L'homme se laisse embringuer : c'est la règle », — mais populaire dans le sens d'être embarrassé par des paquets : « Vous êtes bien embringué avec tous ces paquets. » Pourquoi ? parce que ce dernier sens est le sens propre et qu'il date du XVIe siècle ! Je pourrais multiplier les exemples ; pour la beauté du geste, je signalerai simplement que, dans le même ouvrage, « casse-cul » porte l'étiquette « familier » avec l'exemple « Il est casse-cul avec ses histoires de bureau, avec son respect du règlement », mais que « casse-gueule » est fiché « populaire » (« Un exercice casse-gueule »). Il faut convenir que si c'étaient les actionnaires d'une entreprise qui pointaient au lieu que ce soit les ouvriers, « se pointer chez la marquise à trois heures » serait une façon châtiée, élégante, raffinée et toute charmante de dire la chose. Tel est le génie particulier de la langue française.

Je reviendrai plus loin sur ces notions essentielles, mais je voudrais attirer l'attention sur le fait, qu'en anglais, les termes circulent beaucoup plus largement qu'en français du haut en bas de l'échelle sociale. En effet,

un terme dit *colloquial* n'est pas nécessairement « réservé au peuple » : il est tout simplement un terme familier employé couramment par toutes les couches de la population.
C'est là un aspect démocratique du langage
qui étonne toujours les Français habitués à
d'autres réalités linguistiques, et qui recouvre
du reste des réalités métalinguistiques différentes.

La connivence

Il en résulte pour la langue anglaise une
sorte de chaleur, une bonhomie, une compli-
cité dans l'expression que la langue française
est loin de partager. Je ne suis pas en train
de prétendre que la Grande-Bretagne est un
pays égalitaire, qu'il n'y existe aucune différence entre la vie des pauvres et celle des
riches. Il y a bien sûr des codes, des manières
qui classent un individu, et même au niveau
du langage, tout un système de signalisation
dans lequel la prononciation, l'accent jouent
un rôle très important et qui situent un
Anglais socialement. Et pourtant, les vertigi-
neux écarts de fortune qui existent en
Grande-Bretagne se répercutent infiniment

moins qu'en France sur le mode de vie ! Je crois très sincèrement que le fait de parler une langue unique a joué un rôle essentiel dans cette relative communauté que constitue la société anglaise dans son ensemble à cause du système de valeurs que précisément la langue elle-même fait partager à tous. En d'autres termes, il existe outre-Manche des différences de degrés dans la qualité de la vie et dans la qualité de la langue, qui pour aussi sensibles qu'elles soient ne sont jamais comme chez nous des différences de nature.

Pour rester dans un domaine simple et concret, je prendrai d'abord l'exemple des repas. Lorsque j'étais enfant je déjeunais le matin, je marandais à midi, je faisais les quatre heures en fin d'après-midi et je soupais le soir. Quand nous avions, pendant les vacances, un invité de Paris, il voulait, lui, déjeuner à midi, goûter à quatre heures et dîner le soir. Ça m'impressionnait beaucoup. Nous n'avons jamais très bien su où nous en étions avec nos traductions de l'occitan — mes amis, là-bas, en Corrèze, flottent toujours dans la même incertitude et pour éviter les erreurs ils disent : « On va manger. »

En anglais (*breakfast, lunch*), on sait ce qu'on fait, on sait ce qu'on mange, de l'Ecosse à l'Irlande, et de l'Amérique jusqu'à l'Australie. Si quelqu'un dit en Angleterre une phrase simple comme : « *I went home and had my tea* », tout le monde comprend immédiatement ce qu'il veut dire par là. On saisit non seulement la nature de l'action elle-même, mais ses circonstances concrètes, et je dirai aussi l'état psychologique qu'une telle action suppose chez l'individu. Cela signifie précisément que le personnage en question est rentré chez lui vers cinq, six heures, qu'il s'est mis à l'aise, s'est installé dans la salle à manger, soit seul, soit en famille, et qu'il a pris tranquillement un repas léger, dont le menu lui est habituel, en buvant de trois à cinq tasses de thé au lait bien chaud, ce qui lui a permis de se détendre, de se délasser en toute quiétude au moins pendant ces précieux instants domestiques. Ce qui est très important aussi c'est que la description que je viens de donner est valable du haut en bas de l'échelle sociale anglaise. « *I went home and had my tea* » peut être dit dans les mêmes termes, avec le même contenu général, la même charge psychologique, aussi bien par un avocat que par un mineur de fond, un député, le Premier ministre lui-même, un ouvrier agricole, une femme de ménage, un employé de banque ou un patron, un artiste, un manœuvre, un écolier... Rigoureusement par n'importe qui. Certes, l'intonation, l'accent de la phrase différeront d'une catégorie sociale à l'autre ; pour un éboueur londonien ce sera : « *I went 'ome an' ad me tea* », mais les mots seront les mêmes ainsi que la réalité concrète qu'ils recouvrent [1]. Une telle phrase constitue en réalité une allusion à un fait de civilisation commun à l'ensemble d'une nation. Elle est chargée de connivence dans la mesure où elle est non seulement comprise dans l'instant par n'importe quel auditeur britannique, mais qu'elle transporte une expérience qui se réfère à une expérience vécue de la même façon par cet auditeur. Cette notion de connivence me paraît être une caractéristique essentielle de la langue anglaise, et on pourrait la définir comme étant une forme supé-

1. En fait le contenu n'est pas tout à fait identique du haut en bas de l'échelle sociale.

rieure de l'allusion ; c'est, à mon avis, ce qui contribue à donner à cette langue sa chaleur humaine et communicative.

On voit tout de suite qu'une telle phrase est impossible à traduire en français, si « Je suis rentré chez moi et j'ai pris le thé » peut avoir une signification précise pour quelques individus, cela ne veut rigoureusement rien dire pour l'ensemble de la nation. Il faudra jongler avec les mille nuances qui peuvent exister entre des phrases différentes qui vont de « J'ai fait un petit casse-croûte » à « J'ai pris une légère collation ». En tout état de cause, il n'y a aucune connivence possible.

On me dira que je prends là un exemple extrême, que cette histoire de thé n'existe pas en France, mais que l'on peut avoir des équivalences avec d'autres traits de civilisation... Oui. Lesquels ? Le vin, boisson commune des Français ? Certes, mais « J'ai bu un verre de vin rouge » est une chose, « J'ai bu un coup de rouge » en est une autre. En Auvergne, une phrase telle que : « On boit un petit canon ? » est une connivence, mais en Auvergne seulement — et certains de nos hommes d'Etat ont beau être

166

auvergnats je ne pense pas qu'on « boive un petit canon » à l'Elysée. La langue française est différente. A la réflexion, cette notion de connivence ne peut se trouver en France qu'à l'intérieur d'un groupe social déterminé. « Prendre l'apéritif » est une réalité sociologique, « prendre l'apéro » en est une autre : le président-directeur général de Y... ne prend jamais l' « apéro » sur le zinc avec ses confrères. En Angleterre, si, d'une certaine façon. La notion de pub est très différente de celle de café ou de bistrot, en ce sens que les pubs sont à peu près semblables partout, à des nuances de décoration près, qu'ils fonctionnent de la même façon et que les boissons y coûtent le même prix que ce soit dans un quartier chic de Londres ou dans un coin perdu de la Cornouailles. « *Let's have a drink* » peut et doit se traduire de dix façons en français selon que l'on considère le lieu et la personnalité des buveurs. « On s'en jette un » est une connivence dans un milieu donné, « Venez donc prendre un verre » est une connivence dans un autre — les deux expressions ne sont absolument pas interchangeables.

Par contre, la langue occitane, expression d'une civilisation uniquement rurale, possède ces mêmes qualités allusives à un degré important ; il y a encore — moins depuis l'arrivée de la télévision — cette habitude à la campagne d'aller passer les soirées d'hiver chez une famille voisine. C'est une forme de réception que l'on appelle la veillée — la veillade. Aller veiller en occitan sous-entend, au-delà de l'action elle-même, toute une atmosphère de détente, de bavardages, de chaude compagnie, de petite collation, et de retour frileux à la lanterne. « *Anar velhar* » évoque tout cela ; c'est une expression chargée de connivence pour des Occitans, un peu comme le mot *party* peut l'être pour des Anglais — encore que la signification de ce dernier soit plus vague. Mais quel est le terme qui évoque, pour tous les Français de tous âges et de tous milieux, une atmosphère de retrouvailles et de camaraderie ? Il n'y en a aucun. C'est si vrai que pour les jeunes les surprises-parties se sont vite appelées « surboums », puis « boums » tout court, tellement est fort le besoin de cette connivence que la langue française n'offre pas.

Elle n'offre aucun équivalent unique à cette simple phrase anglaise : « *They had a party last night* » qui peut s'appliquer aussi bien au duc et à la duchesse un tel qui donnaient une réception, qu'à l'épicier du coin qui avait du monde hier soir — tout comme autrefois le notaire allait veiller chez le curé ou le forgeron chez le menuisier. En français, on est obligé de distinguer entre réception, sauterie — avoir du monde, de la visite, faire la bombe... C'est peut-être cela aussi qui ajoute à la langue sa réputation de clarté et de précision ? Il est curieux de constater que, alors que nous sommes friands à l'extrême de termes abstraits et généraux, nous les refusons énergiquement dès qu'ils risquent de nous faire confondre la condition sociale des gens. Il s'agit dans ce domaine d'être précis et la langue devient tout d'un coup minutieusement protocolaire ! Au fait, il est bien vrai qu'en anglais on ne distingue pas toujours entre les torchons et les serviettes : *towel* ! Quelle confusion !

Comment pourrait-il en être autrement dans un pays où les groupes sociaux, disons jusqu'à la Première Guerre mondiale, vivaient séparément et parlaient des langues différentes ? Comment aurait-il pu y avoir connivence entre un paysan basque, un mineur lorrain et un pêcheur breton ? Au travers de quel langage ? Celui « des vieilles familles de la bourgeoisie parisienne » ?... La langue française que ni l'un ni l'autre ne connaissaient que par ouï-dire ? A cet égard, on me rétorquera que précisément la France est un pays plus étendu géographiquement que la Grande-Bretagne et que dans ces conditions il est bien naturel... Oui ? Et les Etats-Unis ? La connivence existe aussi en anglo-américain et le pays ne tient pas précisément du mouchoir de poche. La connivence est un trait linguistique — elle est dans la langue ou elle n'y est pas. La reine organise « *a party* » aussi bien que n'importe quel Smith de basse industrie. Mais il ne faut pas s'attendre à ce que le « menu peuple exerce ces caprices » — comme disait Rivarol — sur des idiomes différents pendant des siècles, et que du jour au lendemain il communique avec chaleur dans un langage de grand cru qui, du reste, n'a pas, entre-temps, été fait du tout pour cela.

170

Langue parlée, langue écrite

Ces quelques constatations sur les différents niveaux du français et les clivages relativement nets qui existent entre eux par
opposition à la notion de connivence générale, permettent un certain nombre d'éclair-
cissements utiles sur un fait capital de notre
langue actuelle qui, paradoxalement, est inca-
pable de neutralité.

Les Anglais, habitués à écrire, s'ils le veulent, de la même façon s'ils s'expriment dans
la vie courante, m'ont souvent posé la question : « Mais, enfin, pourquoi, en français,
ne peut-on pas écrire comme on parle ? Il
doit bien y avoir une façon d'écrire la langue
que les gens emploient vraiment ? » Je dois
dire que la question m'a longtemps pris au
dépourvu, et que la réponse n'est pas toute
simple. Il faut tout d'abord distinguer d'une
façon aussi claire que possible — ce que j'ai
évité de faire jusqu'à présent — entre ce que
l'on appelle la langue écrite et ce que l'on
considère comme la langue parlée. J'ajoute
du reste que c'est là une distinction qui
s'impose de nos jours, mais qui a longtemps

été inutile. Tant que la langue française est restée dans les limites de la classe sociale à laquelle elle appartenait, c'est-à-dire jusqu'au début de ce siècle dans la bonne société, il est évident que les membres de cette société s'exprimaient peu ou prou de la même façon qu'ils écrivaient ; et donc, puisqu'ils parlaient comme des livres, ils écrivaient, toute question artistique mise à part, comme ils parlaient. Du jour où l'on a brutalement ouvert cette langue française, qu'on en a imposé l'usage à quarante millions de Français par voie d'instruction publique gratuite et obligatoire, il est non moins évident que ces quarante millions d'hommes, de femmes et d'enfants nullement préparés à un si riche et glorieux cadeau, n'ont pas pu se transformer tous instantanément en marquis et marquises. Ils ont un tant soit peu écorné le bijou. C'est un peu comme si l'on affectait brusquement le château de Versailles à tous les mal logés des Yvelines, travailleurs émigrés y compris : l'ordonnance intérieure du divin palais en subirait quelques éraflures. Il y eut donc des pleurs et des lamentations : les Français, pliant sous l'héritage, abîmaient la langue française ! Certes, les paysans de chez moi ne se sont pas mis du jour au lendemain à parler tous comme Voltaire, Renan, Anatole France ou François Mauriac ! Il s'est donc lentement développé en France une langue parlée, souvent incorrecte par rapport au modèle, dont au fond nos générations sont les premiers véritables usagers. C'est-à-dire que cette évolution est récente, qu'elle est loin d'être achevée, et que pour l'instant l'écriture de la langue française parlée pose un problème que les constatations que j'ai faites plus haut sur l'absence de connivence vont me permettre de préciser.

Poursuivant ma méthode comparative, j'emprunte encore une fois une citation à Vinay-Darbelnet :

« *We shot two, but then stopped, because the bullets that missed glanced off the rocks and the dirt, and sung off across the fields, and beyond the fields there were some trees along a watercourse, with a house, and we did not want to get into trouble from stray bullets going towards the house.* » (Hemingway : *Winner take nothing.*)

173

Les auteurs proposent avec beaucoup de justesse la traduction suivante :

« Nous en tuâmes deux, mais jugeâmes ensuite prudent de nous arrêter, car les balles qui les manquaient ricochaient sur les rochers et sur la terre, et risquaient d'aller se perdre du côté d'une maison qu'on voyait au-delà des champs, à proximité d'un cours d'eau bordé d'arbres, et nous aurions pu nous attirer des ennuis. »

Rien à première vue ne distingue cette mise en français, sinon qu'elle est juste, naturelle et élégante. Elle ne sent pas du tout la traduction — en vérité, ce pourrait être un passage de Duhamel ou d'un autre écrivain français. Pourtant, une analyse plus attentive de la phrase d'Hemingway nous montre qu'il y a quelque chose qui n'est habituellement pas éprouvé comme un manque par un lecteur français, et c'est précisément la connivence. En effet, une phrase telle que : « *We shot two, but then stopped* », loin de faire partie d'un texte hautement élaboré, pourrait être dite par le premier venu en anglais ou

174

en américain. Cette phrase écrite est neutre, en quelque sorte ; à partir d'elle, sans y changer un seul mot, nous pouvons, par l'accent, faire sentir que c'est un Américain qui parle ou un Anglais. En réalité, aussi bien un ancien colonel des Indes racontant ses exploits, qu'un G.I's rentré du Viêt-nam dira « *We shot two, but then stopped.* » Il n'en va pas de même avec la phrase française. Tant s'en faut ! « Nous en tuâmes deux, mais jugeâmes prudent de nous arrêter », appartient à la langue écrite, mais quant à imaginer qui peut bien la proférer dans la conversation !... Si, un vieil homme cultivé, racé, ou un écrivain de bon ton — Académie oblige — ou un universitaire relatant les faits à la radio — à la rigueur, et encore peut-être pas à la télévision ! Pour ma part, je jure que je ne dirai jamais spontanément : « Nous en tuâmes deux », sauf par plaisanterie ! Ni Roger, qui est cultivateur, ni René, qui est chauffeur routier et ancien militaire, ni mon oncle par alliance qui est du Berry, ni mon voisin de palier qui est ingénieur, ni Jean-Paul, ni Jean-Pierre qui sont des artistes, ni, dans la conversation, mon cousin qui est professeur de faculté. En fait, personne ne dira cela !

Alors ?... Mon interlocuteur anglais me dira : « Il n'y a qu'à écrire ce que les gens disent vraiment ! — Oui, mais lesquels ? — Ceux que je viens d'énumérer ? C'est là justement que la difficulté réside : ils ne parlent pas tous de la même façon !

— Je peux, certes, proposer la traduction suivante : " On en a descendu deux ; mais « alors on s'est arrêtés parce que les balles « qui passaient à côté ricochaient par terre « et sur les rochers, elles partaient en sif- « flant dans la campagne. Comme au bout « des prés il y avait des arbres au bord d'un « ruisseau, avec une maison, on ne voulait « pas s'attirer des ennuis avec les balles per- « dues qui auraient pu toucher l'habita- « tion." » C'est en effet ce que pourraient dire à peu près les gens que je fréquente ordinairement. Cette version pourrait être celle d'un instituteur sous-lieutenant de réserve. qui a guerroyé. En fait, elle n'est satisfaisante qu'en apparence, car là non plus il n'y a pas comme chez Hemingway conni- vence totale : je fais un choix. « *We shot two, but then stopped* » peut être dit par un mineur du Yorkshire, un cultivateur du Kent, un ouvrier irlandais, un étudiant d'Oxford, le prince Philip d'Edimbourg, à la télévision, en conférence ou en famille, absolument n'importe qui peut proférer ces mots. Seul, l'accent changera. C'est uniquement l'accent qui rendra à l'oreille le Yorkshire, le Kent, l'Irlande ou la Cour. « On en a descendu deux, mais alors on s'est arrêtés parce que... » a beau satisfaire à la conversation de bien des gens, son extension n'est pas aussi vaste. Un général sexagénaire issu d'une bonne famille parisienne ne s'exprime pas de la sorte, ni le comte de Paris, ni un conférencier, ni même un journaliste de la télévision ! La langue française ne fonctionne pas ainsi, elle est clivée ; il faut choisir : ou bien le récit du général, ou bien celui du sous-lieutenant. Alors, pour éviter de choisir et à cause d'une tradition vieille de trois siècles, on utilise la langue du général — la langue française écrite. Certes, cela fait un récit de convention ; alors que la phrase anglaise peut être prononcée avec différents accents, essayez de dire : « Nous en tuâmes

deux, mais jugeâmes ensuite prudent... »
avec l'accent berrichon !... Le dilemme per-
siste ; dès que l'on sort de la langue écrite
qui représente la tradition aristocratique,
mais que personne ou presque ne parle, on
tombe dans un labyrinthe de parlers indivi-
duels. Le même récit, fait par un Parisien
des faubourgs, donnerait, gestes à l'appui,
quelque chose du genre : « On en a flingué
deux vite fait !... Puis on a arrêté le massa-
cre, hein, parce que... avec toutes les balles
qui passaient à côté !... Elles dérapaient sur
les cailloux, forcément ! Pis elles allaient
chanter dans la nature !... Alors macca-
che !... » J'entends au contraire un cultivateur raconter ses souvenirs avec l'accent un
peu traînant du pays de Brive, le geste prudent, réfléchi. Tiens ! Mon père, par exemple — 14-18 : « On en a tué deux quand
même... Mais on s'est arrêté de tirer parce
que les balles qui touchaient rien, elles rebon-
dissaient sur les pierres et elles s'en allaient
n'importe où... On les entendait siffler dans le
pré en partant, mon vieux !... Alors, comme
plus loin y avait une maison... Au bout des
prés, y avait un petit ruisseau avec quelques

arbres, là... Et on voyait une maison !... Alors, tu comprends, des fois, les balles perdues, on sait jamais... Elles auraient pu toucher la maison... On aurait eu des embêtements !... »

En somme, le Français moyen d'aujourd'hui se trouve dans une situation hautement bizarre : il n'écrit pas la langue qu'il parle et il ne parle pas la langue qu'il écrit. Chaque fois qu'il veut écrire, il doit mettre son expression en forme pour la rendre acceptable, tout à fait comme s'il s'exprimait en langue étrangère — les premiers mots qui lui viennent à l'esprit sont rarement ceux qu'il peut employer sur le papier. Lorsqu'il lit, c'est le cheminement inverse qu'il est obligé d'opérer ; il décode sans cesse une langue artificielle qui lui fournit l'idée nue. A lui de rajuster cette idée à son entendement propre et à sa sensibilité. En réalité, la langue française procède par distenciation : le lecteur est en face de son texte comme le spectateur d'une pièce de Brecht, le message lui est fourni sous une forme distenciée.

Ici, je sens mon lecteur avisé qui fulmine : je fais semblant d'oublier que la langue parlée a déjà été employée par nombre d'écrivains contemporains, et non des moindres ! J'oublie Céline et toute sa descendance jusqu'à *Charlie-Hebdo !* Pas tout à fait. Je risque d'autant moins d'oublier Céline qu'il est presque à l'origine de mes présentes réflexions sur la langue française. Je dirai seulement que la langue de Céline, quelque profonde admiration que j'aie pour elle, n'est pas précisément la langue de tout le monde en France. Louis-Ferdinand n'écrit pas en français national, mais en parisien.

Je m'explique : Céline est parti du langage littéraire homologué dont il a senti l'aristocratique enflure, et par instinct et labeur il l'a transformé par le rythme et l'image pour s'exprimer dans l'idiome riche et généreux que l'on sait. Mais il était Parisien, il a retrouvé naturellement l'esprit des faubourgs — l'esprit surtout ; en réalité il y a beaucoup moins d'argot dans son œuvre qu'il n'y paraît à première vue, c'est même là un intéressant paradoxe, que sa langue paraisse argotique. Il a créé un langage direct, émotionnel, sa « petite musique » ; mais cette langue est imprégnée de Paris, elle a de fortes racines locales. Cela est si vrai que ses imitateurs, qui ont essayé de transporter cette langue ailleurs, et notamment à la campagne, ont lamentablement échoué : ce rythme est plaqué, insupportable aux champs. Par contre, ses véritables continuateurs, disons Alphonse Boudard, et aussi Cavana, sont eux des Parisiens authentiques ; ils ont grandi avec un rythme, une allure, une façon de manier la langue qui fait qu'ils n'imitent personne. Il reste que *Charlie-Hebdo* est pour l'instant rédigé en parisien écrit.

Je dis « pour l'instant » parce qu'il n'est pas exclu que ce parisien écrit devienne à plus ou moins longue échéance, et par une seconde vague de décentralisation, la langue française de tout le monde. Ce n'est pas sûr non plus. En tout cas, je ne peux tout de même pas suggérer comme seule traduction de la phrase d'Hemingway, une approximation célinienne : « On en a eu deux, comme ça, tout flingués à balles vives... Mais alors il a bien fallu qu'on s'arrête !... Jugé prudent !... Pas d'esclandre !... Fallait voir nos balles perdues... Une fois touché la terre, les cailloux... Elles ricochaient mutines !

Filaient d'autor en rase campagne !... On les entendait, nous autres... Leur chanson sur les champs de luzerne !... »

L'effet marquise

Au fond, il est naturel que la langue écrite demande un plus grand effort de mise en ordre que la langue parlée. Après tout, écrire oblige à préciser sa pensée et permet une plus grande justesse dans l'expression. La seule chose qui soit regrettable en français c'est que cette langue écrite constitue un idiome en soi, et qu'elle perde une trop grande part de la couleur et de la tonalité du langage de tous les jours. J'entends le mot tonalité dans son sens musical, *do* majeur, *fa* mineur — une sorte d'aspect sous-jacent au langage qui le teinte, lui donne son pas et son humeur.

Je voudrais conclure ces remarques sur ce qui me semble être quelques-uns des caractères dominants de notre langue, par un trait particulier du Français qui est souvent enclin, lorsqu'il n'est pas froidement intellectuel, à une allégresse mesurée et de bon goût, une tonalité guillerette difficilement analysable et qui lui vient sans doute de ses nobles fréquentations historiques. En somme il a tendance à porter beau, en génie content.

Voici, toujours à titre de comparaison, un passage de *England, my England*, de D.H. Lawrence, texte littéraire élaboré qui évoque le paysage industriel anglais dans les années 14-18, en suivant l'itinéraire d'un tramway de banlieue :

« *There is in the Midlands a single-line tramway system which boldly leaves the country town and plunges off into the black, industrial countryside, up hill and down dale, through the long, ugly villages of workmen's houses, over canals and railways, past churches perched high and nobly over the smoke and shadows, through stark, grimy cold little market-places, tilting away in a rush past cinemas and shops down to the hollow where the collieries are, then up again, past a little rural church, under the ash-trees, on in a rush to the terminus, the last little ugly place of industry, the cold little town that shivers on the edge of the wild, gloomy coun-*

try beyond. There the green and creamy coloroured tram-car seems to pause and purr with curious satisfaction. »

Il y a dans ce passage un ton, certes plutôt amusé, qui tient à la personnification du tramway, présenté un peu comme une jeune femme qui fait ses courses en ville. Mais cette ménagère est en réalité femme d'ouvrier ; elle est vaillante, mais on sent le labeur sous son courage enjoué. Lawrence est fils de mineur, il décrit en fait sa région natale ; on sent une vague amertume, une tendresse presque hostile, si l'on peut dire, sous une prose qui se veut allègre et détachée. Sa description du paysage minier demeure un peu grinçante et la tonalité générale du morceau est plutôt douce amère. Rendre cette tonalité en français, sans basculer ni vers le trop doux ni vers le trop amer, n'est pas chose facile. J'ai essayé en disant :

« Dans un chef-lieu de comté des Midlands, il existe un petit tramway à voie unique qui sort hardiment de la ville et plonge dans la campagne industrielle du pays noir, escaladant les creux et les bosses, longeant des enfilades de maisons laides dans les villages ouvriers, sautant des canaux et des voies ferrées, laissant derrière lui des églises haut perchées, qui surplombent avec noblesse les trous d'ombre et de fumée. Il traverse des petites places de marché, raides, glaciales, grasses de suie, et, toujours courant, dévale les rues en pente le long des boutiques et des façades de cinéma [1], jusqu'au vallon où se trouvent les puits de mine et les crassiers [2] ; puis il remonte en face, double une petite église campagnarde, passe sous les branches des frênes, et du même élan, atteint son terminus dans la dernière petite cité d'industrie, froide et hideuse bourgade qui frissonne en bordure de la campagne sauvage et lugubre qui s'ouvre plus loin. Là, le wagon vert et beige paraît reprendre son souffle et ronronne avec un air de satisfaction bizarre. »

Je suis conscient du fait que cette version, toutefois, est à la limite du naturel ; je pousse

1. *Cinemas*, dans le contexte, est plus visuel qu'en français. Il évoque les façades des cinémas populaires de ces banlieues industrielles.
2. Le mot *colleries* recouvre les puits de mine et l'ensemble des bâtiments, des déchets qui l'entourent.

la langue jusqu'au bord de l'imitation du texte anglais et je suis à peu près certain que je n'aurais pas écrit le passage ainsi de moi-même. La langue française est plus expressionniste et elle porte d'instinct soit vers le pathétique, soit vers la jovialité. C'est une bien meilleure traduction que proposent MM. Vinay et Darbelnet auxquels j'ai une dernière fois recours. Dans ma tentative de conserver la tonalité exacte, je suis obligé de forcer la langue ; ils la laissent aller à sa tendance naturelle, et du même coup on ne devine plus qu'il s'agit d'une traduction :

« Il est dans les Midlands un petit tram à voie unique qui s'élance, intrépide, du chef-lieu du comté à la conquête de la campagne toute noire d'usines. Grimpant les collines dévalant au fond des creux, il traverse d'interminables et laides agglomérations ouvrières, enjambe canaux et voies ferrées, croise des églises haut perchées dominant noblement les fumées et les pans d'ombre, enfile de petites places de marché nues, froides, barbouillées de suie, laisse derrière lui, dans sa course folle, cinémas et boutiques, pour s'enfoncer dans la combe aux puits de mine, grimpe de l'autre côté, dépasse une petite église de campagne, se glisse sous un boqueteau de frênes pour se hâter, dans un dernier élan, vers le terminus, dernier petit bourg industriel dont la laideur et la nudité frissonnent aux confins d'un pays sauvage et lugubre. Là, le petit tram vert et blanc crème semble reprendre haleine, et ronronne d'une étrange béatitude. »

La langue est ici claire, alerte, le rythme enjoué ; c'est un passage littéraire comme on en lit à l'école dans les recueils de morceaux choisis. A une époque où les traductions sont souvent d'une lourdeur et d'une incorrection affligeantes, on souhaiterait que de tels traducteurs soient plus nombreux dans le monde de l'édition. Pourtant, si l'on reprend le texte de Lawrence on sent, malgré la très grande justesse et la qualité du rendu, comme un léger décalage. Le grincement ténu de l'amertume sous-jacente au texte original n'y est plus du tout. C'est comme s'il y avait une goutte d'huile en trop ; quelque chose d'indéfinissable fait que cela tourne trop rond. Ces « *stark, grimy, cold, little market places* » ne donnent plus le petit

frisson dans le dos quand elles deviennent
« de petites places de marché nues, froides,
barbouillées de suie ». Pourquoi ? je n'en
sais trop rien. Peut-être le terme « barbouillées », pourtant imagé, a-t-il quelque
chose de trop gai, trop enfantin ?... « Bar-
bouillé de suie », c'est comme un jeu qui ne
sent pas la même crasse inamovible que
« *grimy* » — la même condition ouvrière.
C'est le délicat passage du *sol* mineur au
sol majeur, jeu de mots mis à part ; la
différence tient dans le subtil glissement du
si bémol au *si* naturel dans l'accord. Ce petit
tram devient un vaillant petit conquérant
au cœur un peu trop léger, avec « sa course
folle — une petite église de campagne — un
boqueteau de frênes — un petit bourg industriel — les confins — une étrange béatitude ». C'est une ouverture à la Anatole
France, on s'attend à une jolie petite histoire bien tournée, bien coquette !... Un petit
train s'en va dans la campagne !... Mais,
mais !... Nous sommes au pays des « gueules
noires », c'est la guerre — les trams sont
conduits par ceux qui restent, les réformés,
des jeunes gens un peu bossus, un peu infir-

mes, qui ont échappé aux tranchées et conduisent sans souci du danger. Les receveurs sont uniquement des jeunes filles en uniformes mal taillés, des gaillardes du reste, qui n'ont pas froid aux yeux, qui flirtent avec le jeune contrôleur — comme Annie, qui organise un passage à tabac du soupirant volage. Ce style enjoué va mal coller, une page plus loin dans la nouvelle, avec la voiture bondée de mineurs hurlant des hymnes et des obcénités, qui, lorsque le tram tout à coup prend feu, refusent de sortir parce qu'il fait froid dehors, et noir, et lugubre — « *in the midst of unbroken blackness, the heart of nowhere on a dark night* ». On n'est plus dans Anatole France. « Vas-y George ! continue ! » crient-ils au conducteur jusqu'à ce que les flammes montent...

Je tiens à souligner que ce léger et subtil décalage dans la tonalité n'est pas la faute des traducteurs — la preuve c'est que ma traduction est moins « bonne » que la leur. Je crois que la langue est comme cela, elle appelle une couleur guillerette et sans soucis. Il y a un fond de langue française, à l'arrière-gorge si j'ose dire, le lointain et pimpant

souvenir de Marie de Rabutin-Chantal —
ce que j'appellerais l'effet marquise :
« ...Il épouse dimanche au Louvre, avec la
permission du Roi, Mademoiselle, Mademoiselle de !... Mademoiselle, devinez le nom ?
Il épouse Mademoiselle, la Grande Mademoiselle, Mademoiselle fille de feu Monsieur... ! » C'est cela la vraie tonalité de
notre langue, telle qu'elle a été composée,
polie, cadencée pour nous. L'effet marquise
est insidieux, il vous transforme une « gueule
noire » en honnête travailleur méritant, sans
avoir l'air d'y toucher, à votre insu. On
répète « le style c'est l'homme » — Dieu
sait que cet aphorisme a donné lieu à des
myriades de laborieuses dissertations lycéen-
nes ; on ferait mieux d'ajouter qu'en français le style c'est d'abord la classe sociale.

Cela ne signifie pas du reste que je
souhaite rejeter entièrement cet aspect de la
langue française. Ma description peut paraître à cet égard tendancieuse, et elle l'est en
vérité. C'est parce que j'essaie de décrire la
langue en essayant d'expliquer pourquoi elle
est ainsi. Je fonde ma réflexion à la fois
sur un certain nombre de faits et sur ma

propre expérience, mais il n'en découle pas nécessairement que je rejette tout ce que je décris. Cet effet marquise confère un charme indéniable à notre langue ; il existe chez Voltaire, et d'une façon bizarre chez Céline aussi bien que chez Proust. Il est probablement décelable dans ce que j'écris en ce moment. Et même si l'on me pousse assez fort, j'irai jusqu'à avouer que je considère Mme de Sévigné elle-même comme un très bon écrivain — en dépit de toutes les réserves instinctives, voire de l'aversion que j'ai pour le contenu d'un certain nombre de ses lettres. La nature même de ce contenu n'est pas entièrement imputable à la marquise, je le sais bien. Elle pouvait difficilement, je crois, écrire autre chose — tout comme Racine, Molière ou Boileau ont été évidemment les victimes du type de civilisation qu'ils vivaient. Il serait puéril de les rendre responsables de données politiques qu'ils n'ont ni inventées ni vraiment choisies. Je n'irai pas déterrer la nuit leurs cadavres pour les guillotiner ! Il n'en reste pas moins vrai que ces données existent et que je me sens autorisé à en observer les conséquences sur la langue que nous utilisons aujourd'hui. Selon des découvertes récentes, par exemple, certains morceaux de bravoure de Mme de Sévigné seraient des faux, et en particulier elle n'aurait jamais écrit la fameuse lettre sur la fenaison. Cela ne change rigoureusement rien à mon analyse — au contraire, cela tendrait à prouver le courant d'imitation que l'œuvre a suscité, mais cela n'atténue nullement en tout cas l'impudence qu'il y a à présenter cette lettre à de jeunes paysans fatigués en leur imposant une admiration inconditionnelle et, au-delà, un certain modèle de réflexion aliénante.

Je me suis donc efforcé de définir brièvement le caractère particulier de la langue française actuelle et d'expliquer à ma manière l'origine de ces dispositions abusivement considérées d'ordinaire comme naturelles, inhérentes à un prétendu génie tutélaire qu'il serait sacrilège de vouloir contrarier. Il convient à présent de cerner les conséquences de ce caractère de la langue dans le monde actuel, et d'envisager sous cet angle un certain nombre de problèmes auxquels nous nous heurtons aujourd'hui.

6

Les croquantes
et les croquants

Toujours est-il que c'est ce langage d'archevêques que la IIIe République nous a mis
brusquement en demeure d'utiliser, nous,
simples mangeurs de châtaignes. C'est très
exactement trois cent cinquante ans après les
ordonnances de Villers-Cotterêts que l'instruction publique allait répandre le français dans
toute la France, transformant la langue d'Etat
en langue nationale. La tâche était d'importance : il s'agissait de nous faire passer d'un
langage concret, chaud, connivent, parfaitement adapté à nos champs, nos joies, nos
peines, notre façon de respirer, à une langue
qui préférait « les mots-signes aux mots-images », les « coupures imposées au réel », en
un mot une langue abstraite qui devait nous
faire manier le concept à tour de bras et

conter des joliesses de marquis. Pour cela il fallait transformer profondément nos habitudes de penser, notre façon de sentir, de devenir légers, ouvrir la bouche, tendre le mollet, apprendre l'art du baise-main dialectique, rouler la métaphore, crisper les orteils, bref, nous franciser ! Ah ! il y avait du travail sur les collines ! Les choses n'allèrent pas sans peine, là-haut, au village, dans la petite école perchée. Pas étonnant qu'il ait fallu un solide gourdin ! Au fond, dresse-t-on autrement les animaux dans les cirques ?...

« *O mair, vau morir !...* »

Ceux des provinces du Nord avaient de la chance. Au moins eux, ils parlaient déjà le français. Même patoisant, c'était la même langue, il leur suffisait de la raffiner, de la décrotter un peu pour la rendre présentable. Mais nous ! Il s'agissait tout bonnement de jeter notre vieux génie occitan aux orties, pour nous rallier sans transition au génie en habit vert qui nous envoyait ses oracles directement de la Coupole du quai Conti. Ce fut en quelque sorte un procédé analogue à la christianisation : un dieu chasse l'autre !

En effet, il n'était pas question pour nous, au début, de la langue parlée, plus ou moins lâche, plus ou moins populaire — nous ne pouvions, par la force des choses, qu'apprendre le français qui se trouvait dans les livres : le plus beau, le plus pur, le plus aristocrate. Il ne pouvait être question de « Je m'en rappelle », ou d'aucun autre tour vicieux ; tout de suite : « Je m'en souviens, il m'en souvient », etc. Nos parents se sont trouvés à peu près dans la situation où se trouvent aujourd'hui les enfants des travailleurs émigrés qui arrivent un beau jour à sept ou huit ans dans nos écoles. Ce sont souvent ceux qui, au bout d'un an ou deux d'études, s'ils sont intelligents, parlent et écrivent le français le plus correct. Forcément, ils apprennent tout des institutrices qui les enseignent, et leur langue acquise n'est pas contaminée par celle de leur famille puisqu'ils continuent à parler portugais ou espagnol à la maison. C'était donc, d'une étrange manière, un avantage que nos parents avaient là ! Dans la mesure évidemment où ils avaient la souplesse nécessaire et une motivation suffisantes pour en profiter. Ce n'était pas le cas de tout le monde. Mais il faut reconnaître que certains élèves de M. Bordas parlaient sans erreur, avec application ; ils n'auraient pas laissé tomber la moindre négation — toujours « Je n'en veux pas » ou « Je ne crois pas », « Nous ne l'avons pas vu ». Je connais des vieilles gens là-bas qui s'expriment encore ainsi dans leurs rares conversations françaises, jamais la moindre bavure. Ça fait un peu bizarre...

Mais ce furent les exceptions. La plupart durent suer sang et eau, et tâter lourdement du bâton — la férule ? — pour n'accrocher en définitive que la lecture ânonnée d'un journal de loin en loin, ou d'un bulletin de vote en période électorale. Je crois tout de même qu'ils ont tous été prêts à temps pour déchiffrer l'avis de mobilisation générale et pour rédiger quelques petites lettres écrites au crayon dans les tranchées de la Somme. « Je te remercie pour ta lettre et pour le jambon que tu m'as envoyé, ma chère Mélanie : ici il ne fait pas chaud, mais je me porte bien... » Ça faisait beaucoup pleurer leurs

196

femmes et leurs enfants. Il est rassurant de penser que tous ceux des listes glorieuses des monuments de nos villages venaient de recevoir ce bain de culture et avaient eu le temps de goûter aux joies des « coupures imposées au réel » avant d'aller mourir sur les champs de bataille. Ils ont eu beau agoniser en appelant leur mère en basque, en breton ou en occitan : « *O mair, vene !... O mair, vau morir !...* » On les entendait, paraît-il, des nuits entières dans les barbelés, rendre l'âme en patois — mais ils sont morts Français !

Le paysan et sa charrue

Nous aussi nous étions bien Français en 1941. Trois-Pommes a fait des progrès tellement rapides que, quelques mois plus tard, il pouvait chanter : *Maréchal, nous voilà,* dans le texte, avec tout le monde, dans la cour de l'école, pendant qu'on hissait le drapeau. Il n'empêche qu'à cette époque, après un demi-siècle de francité, la langue avait commencé à se dégrader. La langue parlée, je veux dire : elle avait commencé à naître pour les raisons que je vais expliquer — elle n'était plus aussi dure et pure, et un esprit pénétrant aurait pu pressentir déjà cette fameuse « crise de l'enseignement du français » à venir. C'est peut-être pour ça d'ailleurs qu'on a perdu la guerre ! On avait pris l'habitude d'être Français, il n'y avait plus cette ardeur néophyte des fraîchement convertis qui avait fait la ténacité des combattants de 1914. On s'habitue trop vite aux bonnes choses...

Tant que nos anciens laissèrent le français dans la cour de l'école et reprirent l'occitan passé le portail, tout alla bien. Mais entre 1920 et 1940, la deuxième génération avait de plus en plus tendance à utiliser aussi la langue nationale pour son usage quotidien et domestique. Ça faisait plus moderne, un peu moins paysan arriéré. Les jeunes femmes se démarquaient ainsi de leur mère et de leur grand-mère. L'enseignement portait ses fruits ; elles commençaient à avoir honte de leur patois. C'était une façon de se rattacher à l'esprit de la ville, où il y avait des cinémas le samedi soir, des magasins pleins de jolies choses. Les jeunes femmes le savaient, elles commençaient à lorgner du côté des pavillons de banlieue, elles se disaient que leurs enfants, peut-être, auraient une chance d'échapper aux intempéries... Les femmes sont intuitives, elles sentent ainsi les ondes du futur. Et puis le français leur donnait une coquetterie, ajoutait à leur féminité... Parfois aussi des grandes sœurs ou des grands frères étaient déjà montés à Paris dans certaines familles ; ils revenaient voir le pays avec des airs si désinvoltes ! Avec des manières, avec du français plein la bouche !... Bref, elles en tâtaient quelquefois les jeunes mères — sans couper les ponts, bien sûr, on s'adressait toujours aux enfants en occitan, mais aussi en français, dès qu'ils avaient quatre ou cinq ans, pour les préparer à l'école. C'était variable, ça dépendait s'il y avait des grand-mères à la maison, si elles étaient déjà mortes... Enfin, chez nous, seul Trois-Pommes n'avait pas profité de l'esprit nouveau.

Mais pour en revenir aux considérations métalinguistiques, un premier problème se posait : celui des mots qui n'existaient pas en français pour traduire des faits concrets de notre civilisation rurale particulière. J'ai déjà évoqué la « tauvera », les différentes marmites, un certain nombre de notions occitanes qui n'ont pas d'équivalent dans l'autre langue. Comment faire ? Eh bien ! la question se résolvait naturellement d'elle-même. Une mère de famille « moderne » disait, par exemple, à sa fillette qui l'aidait à la cuisine : « Donne-moi le toupi. » Cela allait de soi. Que dire d'autre ? Elle ne pouvait tout de même pas, tout occupée qu'elle était à sa tâche, prendre une grande respiration et articuler comme dans son livre de classe : « Passe-moi la marmite de taille moyenne dont j'ai coutume de me servir pour faire cuire la soupe. » Elle disait le toupi, ou bien l'ouletta, la tartière, la couïrina, selon l'usage. De même, on disait au petit garçon : « Va chercher le panier dans la tovère. » On avertissait naturellement quelqu'un qui montait à une échelle peu sûre : « Fais attention, y a un pécoul qui manque ! » Ici, un lecteur britannique, ou néerlandais, ou sans doute italien, me dirait que c'était là, en effet, une excellente solution ! Il considérait (le naïf !)

que topin, pecolh, sont des mots utiles, qui apportent des précisions intéressantes, et qu'ils sonnent bien en français. Ah ! quelle erreur ! C'est compter sans la mentalité particulière qui a présidé à la dispensation du français aux masses incultes. De tels mots étaient interdits, là-haut, à l'école ! Il aurait fait beau voir les employer en classe ! Ils étaient interdits parce qu'on ne les autorisait pas en haut lieu, à Paris d'où venaient toutes les directives ! Enfin ! On donnait aux Français une langue que des centaines de ducs et de marquis avaient pris la peine de fignoler pendant des siècles, qu'ils avaient briquée, polie, châtiée et tout — il n'était pas question que des Français y touchent ! Surtout des Français sans grade et de médiocre condition ! Voyons !... On avait ressorti Malherbe, Boileau et Rivarol dans l'instruction publique ! On aurait ressorti Aristote, si Aristote avait parlé français ! Toute la panoplie des censeurs avait été mobilisée pour l'éducation de nos instituteurs, et les inspecteurs de tous ordres veillaient jalousement à l'exécution des consignes ! Il faut comprendre : c'est comme si l'on avait distribué à tous les Français des bergères Louis XV, sorties tout droit de Versailles, et qu'ils aient eu l'audace de vouloir s'asseoir dessus !... Non, la chose n'était pas possible. On ne nous a jamais dit d'ailleurs ce qu'il fallait faire de nos tovères et de nos toupis, comment les nommer ? Personne ne s'est même posé la question. Interdit, c'est tout !... Il faut dire que si les licences langagières s'étaient bornées à ces quelques mots, ça n'aurait pas été bien grave. Il faut envisager une autre forme de corruption naturelle qui a donné bien du souci à nos maîtres : jé veux parler de la francisation d'un certain nombre de termes et de tournures occitanes qui ont certes des équivalents approximatifs en français, mais que l'instinct campagnard voulait conserver pour garder un peu de chaleur et de conni- vence dans leur propos. Il est toujours possi- ble de parler une langue étrangère, mais la charge affective des mots disparaît, surtout étant donné l'aspect glacial d'une grande par- tie du vocabulaire français — ou éprouvé comme tel par des gens qui l'avaient appris dans des livres. C'est bien joli le « plan de l'entendement », mais dans nos pâturages on s'en lassait. Tout ce qui était imagé, précis, quotidien en occitan et faisait partie de la vie intime de la population avait tendance à passer dans la langue nouvelle, pour retrouver la chaleur — la connivence. Ainsi, des outils : la houe restait la « trane », le hoyau, le « bégo », un aiguillon une « aiguïllade » ; des choses de la maison : l'évier demeurait la « bassière », un petit banc un « banchou », un soufflet un « buffadou », la lessive la « bujade ». « Où est le buffadou ? ». Et ainsi de suite avec les verbes : « marander », pour le repas du midi, « goyer » pour se remplir la chaussure d'eau en passant dans une flaque (le français n'aime pas les verbes). Les adjectifs pittoresques : il est « pinpigne » se dit d'un enfant qui fait le difficile pour manger ; « avayon » est intraduisible : cela signifie fier, arrogant, prétentieux tout à la fois. Le paysage aussi voulait rester présent : la « bouïge », c'est le pré fermé derrière la maison où sont parqués les porcs ; la haie n'est autre chose que le « randal » ; jamais on n'aurait appelé une mare autrement qu'un « gode ». Je pourrais continuer ainsi pendant des pages et des pages... Tous les mots que je viens de citer sont encore employés tous les jours.

En effet, le caractère abstrait ou concret d'un mot, tout au moins son aspect affectif ou non affectif, dépend souvent de celui qui l'utilise. Le mot « chasuble » revêt, je suppose, un caractère quasi abstrait pour beaucoup de gens — il est concret pour un prêtre. De même qu'un caféier est un arbre réel pour un Brésilien, ce n'est qu'une image pour certains Européens, et pour d'autres le terme recouvre simplement l'idée d'un « arbre qui porte du café » sans évoquer la moindre forme ou couleur. Les linguistes disent, d'autre part, que « le signifiant ne définit que partiellement le signifié », c'est-à-dire qu'un terme porte sur un objet un éclairage défini qui ne l'englobe pas nécessairement tout entier. L'exemple type est donné par les mots « vaisseau », qui s'attache à la forme du bateau, « bâtiment », qui insiste sur sa construction, et « navire » sur le fait qu'il flotte. Pour moi, « charrue » est un mot qui, paradoxalement, n'a jamais rien signifié qu'un outil vu dans des livres. Je veux dire par là que ce n'est pas pour moi un mot du domaine vécu. Nous utilisions, là-bas, dans les fermes, soit un brabant qui est une charrue à deux socs que l'on retourne au bout du sillon, soit un tourne-oreille, « l'araire ». J'ai travaillé avec ces instruments-là, j'ai véritablement retourné la terre. Le mot « charrue », je l'ai appris à l'école, dans les dictées ; il évoque vaguement le labour, la vie aux champs d'une façon idéale — le paysan et sa charrue — c'est presque une référence à la latinité classique. Pour un paysan beauceron, au contraire, c'est un outil concret. Même aujourd'hui le mot ne fait pas image chez moi ; c'est un terme poli, générique, qui désigne un instrument qui retourne la terre, un outil dont on se sert ailleurs, mais ce n'est pas véritablement un terme concret. Si je pense à l'objet, je songe « brabant ». Il faut remarquer d'ailleurs que les choses ont depuis, évolué. Mes voisins appellent « charrue » de nos jours l'appareillage multisoc qui se fixe au tracteur. Comme il n'y avait pas de tracteurs occitans, ils ont fait comme pour le bifteck, ils ont pris le mot avec la chose...

On pourrait ajouter que le même signifiant recouvre souvent des signifiés fort différents. La table d'un marquis n'est pas la même que celle d'un paysan, ni la chambre, ni le jardin... Et si l'on passe à l'argenterie, c'est pour le paysan une chose presque abstraite, comme les vacances. Tout en employant les mêmes mots, une langue populaire et une langue d'aristocrates n'ont pas nécessairement la même charge affective. Il y a, près de chez moi, à la Terre commune, une vaste mare creusée dans l'argile rouge, dans laquelle vont boire les vaches. C'est toujours plein de grenouilles qui chantent le soir, et envahi de joncs. De mémoire de laboureur, on a toujours appelé ce trou le « gode ». Il y a des godes partout, à proximité de chaque village, pour les bestiaux. Le gode est un mot familier qui désigne une chose familière. L'hiver, les enfants vont glisser sur le gode qui devient la patinoire villageoise avec ses plaques blanches qu'il faut éviter parce que la glace est fragile à ces endroits-là. Ce sont des jeux qui créent des liens avec le paysage ;

le mot gode est finalement chargé d'affectivité, de souvenirs, c'est un mot qu'on échange avec le voisin. On dit « le gode de la Terre commune », c'est son nom. La mare de la Terre commune, c'est presque ridicule, c'est comme si on appelait un chat : Médor...

Or, nous faisions des petits devoirs à l'école, qui nous invitaient à transcrire sur la page du cahier quelques-unes de nos menues expériences pour nous apprendre à nous exprimer. Quelle est la tendance naturelle d'un gosse de neuf ou dix ans ? C'est d'écrire ce qu'il a fait — en théorie, car dans la pratique, si la chose est facile dans une autre langue, ça devient, en français comme il faut, une tout autre affaire. Il faut reconstruire, articuler la pensée, modeler la phrase, et surtout, premier travail, choisir le mot qui convient et ne pas se tromper. Ce ne sont pas toujours ceux que l'on pense, et rarement les premiers venus. Surtout si l'écrivain est un petit écolier tondu des années 40 qui ne parle pas la même langue les jeudis et les jours de semaine. Il y avait toujours des naïfs qui se faisaient prendre. Si le gosse, après mûre réflexion, avait écrit dans sa pénible petite rédaction : « Mes camarades et moi sommes allés jouer à la glissade sur le gode » — ce qui était rigoureusement exact — il pouvait s'attendre à une fameuse surprise ! « Le gode ? s'étonnait l'instituteur, qu'est-ce que c'est que ça, le " gode " ? » Il articulait le mot avec insistance et dégoût. « Qu'est-ce que tu veux dire ? » Dans la classe, les dégourdis qui saisissaient l'étendue du désastre se mettaient à ricaner. Le coupable faisait des yeux ronds et avait les oreilles rouges. « Hein ? un gode ! Tu peux m'expliquer ce que c'est qu'un gode ? » tonnait le maître de l'école ! Le môme ne savait plus où se mettre. Dans sa cervelle, l'image du gode défilait, avec la glace, tout... Il était sûr pourtant que le gode... Ses parents... tous les jours... Et puis ça devenait comme dans un rêve, il n'était plus sûr de rien — il attendait la baffe, il se préparait... « Qu'est-ce qu'il fallait dire ? » grognait le maître indigné, qui savait du reste parfaitement ce qu'était un gode, qui le savait, lui aussi depuis l'enfance — depuis toujours. Les doigts des grands se levaient : « Un étang, M'sieur ! ». On n'allait peut-être pas jusqu'à

« mare », un peu gros tout de même — nous avons en occitan un mot « estang » qui alterne avec gode, on glissait donc jusqu'à « étang ». « Un étang ! reprenait l'instituteur à pleins poumons, un étang !... Un gode ! Tu en es un beau gode, toi, tiens ! » La classe riait, le gosse pliait sous le sarcasme. Il avait honte. Il se ratatinait sur sa table ou bien il continuait à regarder droit devant lui d'un air bête. « Ahuri ! » clamait l'instituteur en lui jetant son cahier.

Après quelques incartades de la sorte, l'écolier en tablier bleu savait à quoi s'en tenir. Il réfléchissait deux fois avant d'écrire quelque chose. Il réfléchissait même tellement qu'il n'osait plus rien écrire du tout, et surtout pas ce qu'il avait vraiment fait la veille. Ou alors il inventait une petite anecdote d'après les mots dont il était sûr, les mots du livre, en choisissant de préférence ceux qu'il n'avait jamais entendu dire par ses parents, ni dans la cour ni sur la route. C'était la seule façon de ne pas se tromper. Il apprenait à avoir honte, il apprenait le français. Et pourtant le gode, avec sa glace peu sûre, sa boue séchée autour, le vent d'hiver sur la gelée blanche (la brada), le gode ce n'était pas l'étang ! Il avait glissé sur le gode, il n'avait pas glissé sur l'étang ! J'en suis sûr : j'y étais.

La mouche du coche

Alors pourquoi l'instituteur, lui-même de langue occitane, fils de paysan, affectait-il tant de morgue hautaine ? Eh bien ! d'abord parce que les instructions officielles lui en faisaient un devoir. Deuxièmement, parce qu'on lui avait déjà fait la même chose à lui — et qu'il avait vraiment honte de père et mère. Troisièmement, parce qu'il avait laborieusement appris la langue française, il était réellement porteur de culture missionnaire, et que cela le faisait se sentir supérieur. On peut comparer avec la morgue de certains professeurs d'anglais qui ricanent avec hauteur pour se moquer de fautes faites quelquefois par la plupart des Anglais eux-mêmes. Peu importe, le professeur a un savoir, il a ses règles immuables, il a sué sang et eau pour les apprendre ; si on les transgresse devant lui il voit rouge, il devient mesquin, il nargue sa malheureuse victime.

Et puis il faut le dire, naître dans la misère donne la tentation du fascisme. C'est une question délicate, sur laquelle je serai prudent : le mot fascisme n'est même pas exact ; je l'emploie ici dans un sens très large, figuré si l'on veut, parce que je n'en trouve pas d'autre. Je lisais récemment un reportage d'un journaliste anglais sur la crise provoquée par la mévente du thé dans l'économie de Ceylan. Le journaliste travailliste, profondément anticolonialiste, avait été choqué et peiné de découvrir qu'à Ceylan les chefs de plantations autochtones qui ont remplacé les contremaîtres britanniques se conduisaient envers la main-d'œuvre locale (leurs compatriotes exploités) avec beaucoup plus de dureté et de mépris que n'ont jamais fait les Anglais eux-mêmes au plus beau temps du colonialisme. C'est un triste paradoxe en effet, et il citait des scènes pénibles. C'est que, se débarrasser des exploiteurs européens est une bonne chose, mais elle ne suffit pas si on les remplace par des indigènes formés et instruits dans la même technique de l'exploitation colonialiste. Ces Ceylanais en position de commande ont fait des études anglaises, certains ont même été éduqués en Angleterre. Ils se sentent investis d'une autorité intellectuelle considérable qui les porte à mépriser leurs compatriotes miséreux et à les traiter comme des chiens. Le problème est complexe. Quelqu'un qui naît, disons dans un milieu misérable et sous-développé, et qui par des circonstances favorables parvient à s'en détacher, à s'élever, comme on dit, dans l'échelle sociale, est quelquefois tenté de retourner la situation en affichant un mépris et une haine pour son milieu d'origine qui surpasse de beaucoup la condescendance hautaine que peut avoir pour ce même milieu un bourgeois de souche, convaincu de sa supériorité. C'est en gros l'attitude du parvenu. En effet, un tel personnage est d'abord sans illusion, et n'a pas de ce milieu misérable les vues romantiques, simplettes, qu'ont quelquefois les fils de bourgeois authentiques, paradoxalement enclins à la « compréhension » et la recherche d'une solution. Mais le plus grave c'est qu'il est, consciemment ou non, tenté de rejeter son milieu d'origine, et de le noircir pour mieux se couper de lui, pour rompre les nombreux liens inconscients qui subsistent en lui. Il s'agit d'un processus analogue et même intimement lié au processus psychanalytique de la projection. On sait que le fils d'une mère abusive aura tendance à rejeter les femmes par crainte ou par haine — il devient souvent soit un vieux garçon apeuré et timide, soit un homosexuel. Il en va de même avec la misère. Elle est abusive. Elle tend à faire soit des miséreux dociles, opprimés, et quelques fascistes — de toute façon, des victimes.

Une scène que raconte un de mes voisins, et qui se situe avant la Première Guerre mondiale, illustre assez bien ce phénomène de colonisation intérieure qui s'est achevé en France, dans la première moitié du siècle : au village du Peuch, un jeune cultivateur, parfaitement honnête, était accusé de je ne sais quelle peccadille — une histoire de lièvre tué hors saison, je crois. Les gendarmes à cheval étaient chez lui et voulaient lui faire avouer sa faute. Ils l'avaient coincé dans la cour de sa propre ferme, et le brigadier lançait son cheval contre lui en criant :

« Alors ? tu avoues ?... » L'homme, terrorisé, essayait d'éviter le cheval qui se cabrait, mais, acculé dans un angle, il ne pouvait même pas fuir. C'est un tableau venu en droite ligne de la répression des croquants ; mais vers 1910, cela en dit long sur le respect du droit des gens. Je ne pense pas qu'une telle scène aurait été possible, disons en Angleterre, à la même époque. En Irlande, certainement, mais dans un village anglais, si reculé fût-il, je ne crois pas. Il faut voir que les gendarmes en question ne venaient pas de Pampelune, ils étaient nés probablement dans un canton voisin, et fils de paysans. A cette époque, chez nous, devenir fonctionnaire de l'Etat donnait une autorité incontestable dont, bien sûr, on abusait — le processus psychologique était le même que celui des contremaîtres à Ceylan. Le gendarme parlait français et donc il participait de cette culture hautaine, impressionnante, parce qu'elle a toujours chez nous représenté la loi — et la loi imposée de Paris depuis... les époques lointaines auxquelles j'ai fait allusion dans un chapitre précédent. Le cultivateur — qui est mort aujourd'hui, mais pas des suites de cette histoire — était par là menacé à la fois par le cheval et par la langue française. Je doute que la maréchaussée aurait eu autant d'impudence si elle lui avait parlé occitan. L'usage du français dans ce curieux interrogatoire donnait l'exacte dimension des rapports du fort et du faible — et donc il n'y avait pas de recours.

Une vingtaine d'années plus tard, le brigadier avait pris sa retraite au chef-lieu de canton et il s'occupait de la bascule municipale, les jours de foire. C'est ainsi qu'un jour son ancienne victime eut l'occasion de lui dire ce qu'il portait sur le cœur. Mais cette fois en occitan : « *Te'n rapelas, vòc ?... Lo còp que me jetavas lo chaval sus ieu ?...* » L'autre, à la bascule, ne disait plus rien. Là, les rapports n'étaient plus les mêmes parce que l'un n'avait pas d'uniforme et que l'autre avait retrouvé sa langue maternelle. Il l'insultait en occitan, mais je crois qu'il n'aurait pas osé, même vingt ans plus tard, le faire en français, tellement le complexe du langage était fort chez nos parents. Cela illustre la mentalité qui était celle de cette époque de francisation obligatoire et soi-disant démocratique. Si ce n'est pas une forme de colonisation, qu'on me donne un autre mot et une autre explication.

A une échelle moindre, ce rôle de responsable autochtone, de porteur de culture au milieu des indigènes dont il est issu mais qu'il rejette, explique aussi, dans une certaine mesure, la curieuse attitude des fonctionnaires français dans leur ensemble face au public. Leur arrogance bien connue, voire leur muflerie dans certains cas, la façon dont un employé derrière un bureau reçoit le demandeur étonnent toujours les étrangers. Il faut comprendre : celui qui a obtenu un poste, c'est celui, du moins à l'origine, qui a d'abord appris à bien parler le français. Il a longtemps été en état de supériorité face à son client, l'indigène de notre système d'auto-domination. En Angleterre, l'employé est une *civil-servant* ; comme son nom l'indique, il est au service du public, payé par l'Etat pour rendre ce service. En France, le fonctionnaire, comme son nom l'indique, est investi d'une fonction — son rôle est de représenter face au public l'Etat qui le paie, de faire fonctionner, précisément, cette lourde administration centralisée mise en place par une succession de gouvernements autoritaires. Le fonctionnaire représente le Pouvoir, il est la mouche du coche de l'Etat : d'où son manque d'amabilité légendaire. Soyons juste, cette agressivité a tendance à diminuer de nos jours, à mesure que le public fait de moins en moins figure d'indigène. Un des derniers bastions était représenté, à Brive, par les dames du téléphone avant l'installation de l'automatique. Si elles entendaient une voix campagnarde, elles étaient d'une incroyable arrogance ; si c'était une voix au bel accent, elles étaient aimables. J'ai fait plusieurs fois l'expérience.

C'est moins simple aussi. Si cette administration n'avait pas autant de papiers et de formulaires, si l'employé était moins enseveli sous la tâche, plus dispos, moins tracassé, il serait peut-être plus ouvert, plus affable. Ce n'est pas gai d'avoir les écouteurs sur les oreilles toute une journée, ça vous fait une tête énorme, toute bourdonnante à l'intérieur. On boit le thé derrière le comptoir dans les administrations anglaises, on papote, on prend le temps — le public n'est pas un intrus.

Pas encore. Souhaitons que ça dure... Ils ne savent pas très bien le chemin qu'ils ont pris en se joignant à l'Europe. Pourvu qu'ils ne se laissent pas contaminer par notre art si particulier du savoir-vivre ! Nous avons nos traditions aussi, sur le Continent.

Sans vouloir établir un parallèle pur et simple entre la mentalité des gendarmes à cheval et celle de l'instituteur occitan, issu de famille modeste, qui menait la francisation tambour battant, on ne peut nier une parenté d'esprit qui est surtout évidente chez les premiers maîtres, ceux qui ont éduqué nos parents, du genre M. Bordas — incidemment, le jeune cultivateur au lièvre était un de ses anciens élèves. Le rôle de porteur de culture conférait — ce n'est plus le cas aujourd'hui — aux instituteurs de chez nous la qualité de notables locaux. Ils étaient chargés d'étouffer la langue locale, et l'étouffaient avec d'autant plus de zèle que c'était la leur.

Je ne dis pas qu'il ne fallait pas apprendre
la langue française. Je ne dis pas que la
langue n'est pas belle, riche, utile, bien constituée. Je l'admets. Il fallait bien que notre peuple sorte de l'ignorance où l'avaient tenu des
siècles moins libéraux. C'était utile et urgent.
Simplement, il y a manières et manière...
Pendant la guerre, nous avions tous des poux,
les épidémies de vermine ne chômaient guère
et se poursuivirent un peu plus tard. Pour
prévenir ce fléau, on nous avait tous tondus
à ras, en laissant sur le devant une petite
mèche de cheveux qui servait d'échantillon
pour la teinte — les blonds, les bruns — et
flottait d'une façon bizarre ; elle arrivait
aussi à donner le change lorsque la casquette
ou le béret étaient solidement en place. Ça
c'était pour les garçons ; les filles avaient des
poux dans leurs bouclettes, elles se les passaient au peigne fin, mais on ne pouvait tout
de même pas faire davantage pour elles. En
classe, nos crânes nus et blanchâtres ache-
vaient de nous donner l'air intelligent ! C'est
peut-être cet air désespérement ahuri qui

incitait le maître à tant cogner dessus — à main nue, avec un livre, une règle. La règle rebondissait sur l'ovale, bing ! Ça nous faisait la tête dure, c'était un plaisir ! On nous battait tous les jours. Trois-Pommes recevait une première ration le matin entre dix et onze. On le laissait se reposer une heure de ses trois kilomètres à pied pour venir à l'école, et puis, arrivée l'heure du problème — allez donc : la règle, les baffes !... On le rebattait l'après-midi pour la dictée, entre deux et trois heures, après la digestion... Il faut dire que la digestion était rapide parce qu'en général nous cassions la croûte sous le préau avec un morceau de quelque chose. C'était la pause pain-fromage, pain-œuf dur, pain-boudin, pain n'importe quoi.

Donc, l'après-midi, nous avions dictée, et nous allions nous promener à Paris — c'est-à-dire que les petits textes que nous devions transcrire avec le moins de fautes possible tournaient le plus souvent autour de quelque chose à propos de la capitale. Ce n'étaient que promenades rêveuses le long des quais de la Seine avec Anatole France, les tours de Notre-Dame avec Hugo, la colline de

Chaillot avec un autre, les Grands Boulevards, que sais-je ? Un petit tour à Montmartre... On n'en sortait pas. Moi, j'étais bien content, j'y étais allé à Paris, avant la guerre, à deux ans. D'une semaine sur l'autre, d'année en année, nous avons parcouru, comme ça, le jardin du Luxembourg en large et en travers, sans nous presser, d'un participe employé avec avoir, à l'autre employé avec être, à la suite d'Anatole France enfant, adulte, vieillissant... Il revenait, Anatole France, dans nos dictées et dans nos lectures, comme s'il avait à lui seul inventé la langue française !... *Pluie d'automne :* « La pluie froide et tranquille, qui tombe lentement du ciel gris, frappe mes vitres à petits coups, comme pour m'appeler... » (avec deux « p » et un seul « l »). Quand nous sortions de Paris, c'était pour aller à Rouen, avec Flaubert, ou à Strasbourg, avec Hugo encore, peut-être à Orléans — mais on ne descendait jamais plus bas. On n'a jamais fait une dictée sur Brive, ni sur Toulouse ou sur Clermont-Ferrand. La campagne était celle de Lamartine, Milly là-bas, le Mâconnais... C'était un fouillis de pampres et de rameaux. Ou la

Beauce, avec Zola, une étendue de sillons terrible, à perte de vue. Il est remarquable aussi que, dans les textes que l'on nous présentait, c'était toujours des chevaux — baptisés en général « lourds percherons » — qui tiraient l'inévitable charrue. C'était différent de chez nous où nous attelions les vaches. Tout était différent de chez nous. Les enfants avaient tous des airs proprets, des cols marins ; ils n'allaient jamais garder les vaches ou les moutons. Ils vivaient dans un paradis perpétuel, avec des jardins profonds et secrets, des charmilles, de belles demeures, des bonnes d'enfants... Ils jouaient sur des étangs, eux, pas sur des godes ! Leurs arbres avaient des noms pleins de poésie, les hêtres, les érables... Parce que pour les arbres et pour les oiseaux, nous les connaissions avec leurs noms occitans ; nous savions aussi les noms en français, mais sans jamais les rattacher aux choses elles-mêmes. C'était encore plus joli, des noms d'arbres sans arbres ! Bref, dès que nous mettions le nez dans un livre de classe, nous ne quittions pas beaucoup la moitié nord de la France.

Des maquereaux par milliers

Cet état de fait n'était d'ailleurs pas imputable à l'instituteur. Où les aurait-il trouvées
les dictées sur Brive ? Les livres étaient faits
à Paris — ils le sont toujours — et j'ai le vif
sentiment qu'il était bien difficile de choisir
des descriptions ailleurs qu'en Ile-de-France
pour la bonne raison que nos écrivains n'ont
pas beaucoup écrit ailleurs. Cela fera l'objet
de remarques ultérieures.

Pour la rédaction, j'ai dit quels devaient
être ses impératifs : de la tenue, des mots
qui pourraient être reçus dans une vieille
famille de la bourgeoisie parisienne. Pour
améliorer notre style, on nous faisait faire
des phrases en imitant des modèles de bons
écrivains ; par exemple, on nous demandait
de comparer une phrase d'élève trop simple,
trop plate comme « le pêcher est vêtu de
toutes les couleurs : jaune, rouille, rouge,
or », à des phrases inévitablement belles et
extrêmement bien venues telles que « ... les
châtaigniers vêtus de la pourpre des soirs »
(F. Fabié) ou « les bouleaux et les trembles
sont devenus des arbres d'or » (A. France).

223

On comprend, dès lors, qu'il ne s'agissait pas de patoiser : « Le ciel est taché de noir, à certains endroits, par des gros nuages », était considéré comme sans grâce et sans charme. Il fallait préférer : « Le ciel clair, tout d'un coup, se charge de nuées violettes. » (A. Suarès). Je n'invente pas ces exemples, je les tire de notre livre que j'ai sous les yeux : *Vocabulaire et Composition française*, cours supérieur, de Gabet et Gillard. (Librairie Hachette, page 24, exercice n° 75). Un gosse aurait écrit : « Le gai ruisseau qui chantonne en roulant sur les cailloux », ce n'était pas suffisant. Voyons ! l'enjouement ! l'effet marquise ! « Le ruisseau courait assez vite en sautillant sur ses bosses et en faisant un tout petit charivari de grelots. » (E. Pérochon.)

Nous traitions des sujets les plus divers qui revenaient, les mêmes, d'une année sur l'autre. Nous parlions de choses qui intéressent tout le monde, comme la chasse, la pêche, les vendanges, les semailles, avec le geste auguste du semeur, les grands magasins, la noblesse du travail et de la patrie, la neige, l'automne, la pluie et le beau temps. Qu'est-ce que j'ai pu en faire des « bonnes parties de pêche » où je rentrais à la maison tout chargé de friture, acccueilli par ma mère qui battait des mains ! Moi j'avais compris le système. J'avais parlé français avec des chirurgiens et des infirmières quand j'étais bébé. J'étais bon en rédaction. Bon comme la romaine, j'étais ! Mes récits de pêche à la ligne commençaient toujours pareillement :

« Un soir mon père me dit : « Demain nous irons à la pêche ! » Le début guilleret, toujours, le ton allègre.

« Le lendemain, nous nous levâmes de bonne heure, et, d'un pas alerte, nous prîmes le chemin de la rivière ! » Une métaphore ou deux si j'étais en forme pour célébrer « la rosée du matin », puis : « Mon père portait sa ligne sur l'épaule, moi l'épuisette et le panier. [L'élégance, éviter les répétitions.] Arrivés sur la berge [les circonstantielles d'abord], nous choisîmes soigneusement un coin tranquille, abrité du vent par un grand saule dont les branches minces se miraient dans l'onde pure. [L'eau des dictées était de l'onde pure, et j'avais remarqué que les pêcheurs choisissent toujours un coin tranquille.] A peine mon père avait-il trempé sa ligne dans le courant que le bouchon s'enfonça ! Il tira d'un coup sec et, hop ! un petit poisson frétillait au bout de l'hameçon.» Ah ! bien, le raccourci ! et l'allégresse ! L'effet marquise, hop ! J'avais déjà tout compris. J'ajoutais un petit bout de dialogue pour faire vivant, dans lequel mon père s'exprimait comme un ministre, et c'était gagné.

Ce qu'il faut savoir aussi, pour une meilleure compréhension des choses, c'est que dans notre commune toute en collines rondes et en bois de châtaigniers, il n'y a ni rivière, ni ruisseau, ni lac, ni aucun plan d'eau d'aucune sorte. La Dordogne est à vingt kilomètres, la Corrèze aussi loin de l'autre côté. Personne ne va jamais à la pêche, nulle part, en aucune saison ; la pêche est aussi inconnue chez nous que la chasse au lion. Il n'y avait sûrement pas à l'époque une seule canne à pêche sur tout le territoire, sans parler d'épuisette ! Nous avons bien un ou deux ruisselets qui ont eu des écrevisses, mais jamais de poisson, car ce ne sont que des rigoles à sec pendant tout l'été. Je ne suis jamais allé à la pêche à la ligne, je le jure, sauf une seule fois à vingt-sept ans, pendant une demi-heure, sur les bords de la Loire. Ça ne m'empêchait pas de pêcher des carpes — hop ! une carpe ! — d'entasser les brochets avec les ablettes, n'importe quoi ! J'y aurais bien mis des maquereaux ou des limandes dans mon panier, car je ne connaissais aucun poisson à part les sardines à l'huile et la morue séchée...

L'instituteur, qui connaissait bien la commune, était parfaitement au courant. Ça ne le gênait pas, la pêche était au programme, il mettait « Bien » à ma rédaction et incitait les autres à en faire autant. Ça chatouillait le goujon sur toutes les tables, en essayant de retrouver le vocabulaire des lectures. Ah ! bien sûr ! le sens critique, la prise directe sur la vie, la transcription du réel... Il y avait une fameuse coupure ! mais cela présente un avantage : si vous prenez un gosse formé de cette manière, et que vous l'ameniez ensuite à l'Université, ce n'est pas lui qui va faire le difficile. Vous pourrez lui servir n'importe quoi, depuis des tranches de Boileau à un Robbe-Grillet aux fines herbes, il ne demandera jamais le menu...

Je ne dis pas qu'il ne fallait pas apprendre à s'exprimer, enrichir notre vocabulaire. Puisque l'occitan ne suffisait pas, il nous fallait acquérir un moyen d'expression plus élaboré, mais nous aurions pu le faire sans nous couper à tout prix de notre vie quotidienne, de nos racines. Il faut comprendre aussi que notre instituteur n'y était pour rien. Je le prends à partie par commodité et parce que l'expérience vécue me remonte aux dents, mais il est certain qu'il était une victime du système comme les autres. En fait, il était un très bon instituteur qui faisait son métier avec conscience. Il est arrivé en 1945, il sortait du maquis ; nous avions eu jusque-là des institutrices remplaçantes qui restaient trois mois et repartaient ailleurs, nous ne savions pas grand-chose. J'étais personnellement d'une ignorance crasse, et si ce maître n'était pas venu je n'aurais jamais été prêt à temps pour passer mon certificat d'études à quatorze ans. Je n'aurais pas écrit ce livre. Nous autre, gens de basse extraction, nous accumulons les dettes morales. Les choses ne vont jamais d'elles-mêmes et notre sort dépend en grande partie de l'aide et des encouragements que nous rencontrons en route. Nous sommes comme les coureurs, nous avons besoin qu'on nous tende des canettes au passage, et nos maîtres jouent là-dedans un rôle essentiel. Soyons clair : je dois personnellement ma « promotion sociale » à trois ou quatre personnes enseignantes, dont cet instituteur et mon merveilleux professeur qui m'introduisit plus tard aux joies de la marquise ; j'ai pour eux, bien sûr, une immense gratitude. Seulement, il ne faut pas que l'arbre cache la forêt, et que cette gratitude d'homme à homme masque la puissante machine politique qui fonctionne derrière. D'ailleurs, le plus triste c'est que jai fait la même chose moi aussi, plus tard. J'ai été **un instrument de la colonisation avant de remonter aux sources.** J'ai fait ce qu'on m'avait appris à faire, et, personnellement, d'anciens élèves pourraient me tancer ouvertement pour n'avoir pas plus tôt tenu ce langage ; ils ont sûrement envie de me rendre les gifles que je leur ai données... *Mea culpa.*

Il n'empêche que, sans l'aspect dictatorial

de nos principes et de notre enseignement, on aurait pu arranger les choses. Au lieu de nous imposer une langue d'archevêques, on aurait pu mitiger, tenir compte de nous, franciser des morceaux d'occitan, par exemple, pour nous garder une chaleur, une connivence. On dit chez nous : « *Fai chalor* », tout comme en espagnol « *Hace calor* ». (« Il fait chaleur »). On dit bien en bon français : « Il fait une chaleur atroce », pourquoi pas « Il fait chaleur » ? Qu'y a-t-il de si scandaleux dans cette expression ? Elle choquerait une oreille de la vieille bourgeoisie parisienne ?... Supposons qu'on s'en serait fichu de la vieille bourgeoisie parisienne et qu'on aurait laissé leur mot aux gens du Sud, on dirait actuellement « Il fait chaud » dans le Nord et « Il fait chaleur » dans le Sud. Et puis après ? La belle affaire !... Lorsque quelqu'un dirait « Il fait chaleur », on saurait qu'il est originaire du Sud, où la température est plus élevée. La langue s'étant brassée, il n'est pas impossible de supposer que les deux expressions seraient aujourd'hui senties comme nuancées l'une par rapport à l'autre. « Il fait chaleur » serait un peu plus

230

fort que « Il fait chaud ». Ce serait un enrichissement pour la langue française [1]. Pourquoi a-t-on traité les Occitans de niais, d'indécrottables crétins parce qu'ils disaient naturellement « Il fait chaleur » ? Y avait-il vraiment besoin de leur faire sentir le poids de leur bassesse d'êtres grossiers et incultes parce qu'ils disaient « il fait chaleur » au lieu de « il fait chaud » ? Je pose la question. Est-ce qu'on insulte les Espagnols parce qu'ils disent « *Hace calor* » ? Autre exemple : lorsqu'un âne ou un cheval se met sur le dos dans le pré et qu'il se roule, les pattes en l'air, on dit chez nous qu'il « gagne la civade ». La civade, c'est l'avoine — le mot est dans le *Littré*, n'en déplaise à personne. C'est une expression imagée que l'on dit en riant à quelqu'un qui se roule dans l'herbe — qui batifole — « Tu gagnes la civade ? ». C'est une expression extrêmement conni-vente, agréable. Malheureusement, c'est aussi une unité que les linguistes appellent une

1. C'est là une affirmation très discutable du point de vue des Occitans, qui ont besoin d'affir-mer leur langue, pas de la faire bouffer par les autres !

servitude, elle ne peut pas se traduire. « Il gagne l'avoine » ne veut strictement rien dire. Alors qu'est-ce que l'expression aurait de sacrilège en français ? (toujours dans l'hypothèse où l'on ne tiendrait pas compte de l'opinion de la vieille bourgeoisie de Paris). Peut-on m'expliquer clairement quel est le « génie » de la langue qui s'oppose à la circulation d'une telle formule ? Il n'y en a qu'un, c'est celui de la Coupole, et la seule raison pour qu'il la rejette, c'est que les chevaux du roi n'ont jamais « gagné la civade ». Evidemment, on peut toujours supposer, reconstruire le monde. Les choses ne se sont pas passées ainsi. Ce que nous devions apprendre, c'était la langue de Voltaire ou rien. En effet, pour beaucoup d'entre nous, ça a été : rien.

L'effet étang

Avant de se demander quels ont été les effets de cette francisation sur la langue française d'aujourd'hui, il serait utile d'envisager les conséquences qu'un tel régime a eues sur les Français eux-mêmes, c'est-à-dire sur ces quelque vingt-cinq millions d'individus que Jules Ferry et ses apôtres ont vigoureusement pris en main. Dans leur étude déjà citée, Vinay-Darbelnet remarquent : «... Nos conceptions de l'univers, nos schémas sociaux et culturels influencent notre langue ; mais, de son côté, la langue, s'interposant entre nous et l'univers extérieur, colore et analyse ce dernier... Il y a donc interaction entre l'univers et le langage. » Ils continuent, illustrant par un exemple cette définition abstraite : « Autrement dit, si l'Anglais aime les tours passifs, c'est parce qu'il conçoit le procès comme imposé au locuteur qui reste passif ; inversement, puisque chaque petit Anglais reçoit de ses parents une langue qu'il n'a pas contribué à façonner, c'est parce que les tours passifs abondent en anglais qu'il conçoit le procès sous un angle imposé, donc passif. » Fort bien. Et le petit Occitan ? Je serais curieux de savoir quels sont sur le petit Occitan, le petit Alsacien, le petit Basque, les effets de l'imposition dictatoriale d'une langue que non seulement « il n'a pas contribué à façonner », mais dont la métalinguistique est aussi différente de celle de sa langue natale qu'un cardinal peut l'être de ma cousine Mimi !...

En ce qui me concerne, j'enviais ces enfants qui allaient jouer « au bord de l'étang ». Je mettais des berges, des peupliers et des saules dans mes rédactions pour me rapprocher d'eux. De n'avoir que le gode, c'était moins bien. Un étang, c'est écrit dans les livres, le gode jamais — et pour cause. Il en acquiert un prestige incroyable, l'étang en question, qui se trouve dans les régions riches du Nord, où l'on parle pointu, où la vie doit être plus belle parmi des gens civilisés qui ont des étangs, si beaux qu'on les décrit dans les livres, qu'on les appelle : Etangs. Vraiment, notre gode c'était un vieux tas de boue sale en comparaison. On ne se fait pas, bien sûr, des réflexions aussi explicites, mais c'est une impression qui filtre chez les enfants, on leur salit leur campagne. Le peuplier s'appelle, chez nous, « la pibola ». La piboule c'est l'arbre qu'on voit, qui pousse au fond du pré, dans le vallon humide. Les pies (les « ajassas ») y construisent leurs nids, tout au bout. Mais un peuplier !... Un peuplier, c'est une piboule qui porte une cravate, un chapeau et des gants.

Et si cela expliquait dans une certaine mesure l'exode non seulement rural, mais l'exode tout court, dans nos pays du Sud, des gens fascinés par Paris où l'on parle le français des dictées et des récitations ? Oh ! bien sûr, il y a aussi les raisons économiques, le manque de travail... Certes. Mais si c'était là un cercle vicieux, dans la mesure où, justement, les usines n'avaient pas besoin de se décentraliser parce que la main-d'œuvre, elle, ne demandait précisément qu'à partir de chez elle ? Après tout, si les Corréziens avaient renâclé pour quitter la Corrèze, il y aurait peut-être eu une ou deux usines à Brive. On peut imaginer que les entreprises auraient fait un effort pour s'implanter là où se trouvaient deux sources d'énergie importantes : l'énergie électrique de nos barrages et l'énergie humaine. La matière première aurait voyagé : on n'aurait sûrement pas fait de la sidérurgie, mais il n'y a pas que l'industrie lourde, et du moment où on aurait développé le réseau routier et les voies ferrées...

Le port de Bordeaux n'est pas loin, il n'est pas plus éloigné que Le Havre l'est de Paris.

Mais il faut reconnaître que ça arrangeait tout le monde que les usines soient à Paris, ça évitait de développer l'infrastructure à Brive, comme on dit, ça faisait des économies que les gens de chez nous soient tellement fascinés par la capitale que leur plus grand désir soit de s'y rendre. Non ? Je me suis toujours demandé pourquoi ils n'allaient pas chercher du travail à Toulouse ou à Bordeaux ? Les deux villes sont à deux cents kilomètres. Et ceux de Montauban et d'Agen, de Toulouse ou de Mont-de-Marsan ? Pourquoi uniquement à Paris ? Aujourd'hui, ça se comprend, c'est là que se trouve l'embauche administrative ou autre, mais au départ ? Et si l' « effet étang » avait eu un rôle psychologique très important dans leur choix, et qu'il ait contribué pour une grande part à favoriser l'évolution économique de la France en faveur d'une centralisation catastrophique ? Bien sûr, c'est peut-être une coïncidence, mais c'est au moment où on a commencé à les gaver de langue française que les Corréziens ont tous voulu aller vivre à Paris : quitter leur vilain patois, comme on appelait leur belle langue, quitter leur

236

gode qui était devenu tout moche en même temps que les livres de classe montraient des enfants au bord d'un ETANG !...

J'ai connu personnellement un jeune Ceylanais qui arrivait en Angleterre. Larray avait fait chez lui des études supérieures, il était de langue et de culture anglaises, et me disait sa fascination pour la Grande-Bretagne, qui l'avait poussé à émigrer. Il était enseignant, avait du travail à Ceylan, et n'était pas poussé par des nécessités économiques. Simplement, il voulait vivre parmi les gens et dans les paysages qui avaient été le cadre imaginaire de son éducation depuis l'enfance. Ce jeune Ceylanais était lui aussi directement attiré par les textes de dictées et par ses lectures. Il voulait être Anglais à part entière ; il s'émerveillait d'être là, dans les Midlands, il se disait : Enfin ! L'homme a vite déchanté parce que, comme il était noir, il a eu du mal à trouver un logement. On ne lui avait pas parlé de cet aspect de la situation. Il n'en avait pas eu clairement conscience jusque-là, et découvrait tout en même temps : qu'il était noir et qu'il était en Angleterre. Mais c'est une autre histoire. Si l'on pouvait prendre un groupe de Corréziens de Paris, qu'on les psychanalyse « au divan », je suis sûr que les dictées ressortiraient — à plus ou moins brève échéance, mais elles reviendraient. Elles sont toutes là, dans les recoins obscurs de l'inconscient, elles ont poussé le Corrézien à venir voir, à faire partie de cette capitale, à être Français à part entière, à ne plus être qu'un Corrézien mal culotté, bouseux, à ne plus se sentir un croquant. La francisation a créé chez l'enfant une mentalité de sous-fifre dont il veut se débarrasser.

Lorsque je dis que nous n'avons jamais fait une dictée sur Brive, je parie que cela fait rire un Corrézien. Cela paraît saugrenu. L'habitude est tellement forte qu'il ne lui vient pas à l'esprit que l'on pourrait faire une dictée sur son propre pays. Tout au moins pour les générations d'avant 1950. Et pourtant, les écoliers parisiens ou beaucerons, qui faisaient les mêmes exercices avec les mêmes livres, on leur parlait bien, à eux, de leur propre pays ! Le jardin du Luxembourg, quand on habite à deux pas, qu'on le traverse soi-même, on ne trouve pas étrange de le retrouver dans un livre. Alors ? Pourquoi pas Brive ? Ah ! c'est différent ! Le Briviste sent que Brive est une sorte de trou perdu, habité par des rustres qui sont indignes d'un paragraphe d'auteur — c'est ainsi qu'on nous a fait adopter insidieusement et avec deux cents ans de retard les idées que la cour de France avaient conçues de nous-mêmes, pour nos péchés. On s'est assuré en quelque sorte que nous restions bien persuadés de notre propre infériorité, que nous ne sommes toujours, après tout, que des croquantes et des croquants...

La jambe cassée

Toujours ce « on » impersonnel qui commande ! Qui est-il aujourd'hui, ce « on » ? Ah ! ce n'est pas facile ! C'est un problème de sémantique un peu ardu. Il est certain que lorsque le système est mis en route une bonne fois, il continue à tourner tout seul, il s'alimente lui-même. A partir du moment où nos classes dirigeantes, disons celles de l'Ancien Régime, nous ont légué un édifice linguistique empoisonné, nous sommes entrés dans un cercle extrêmement vicieux, qui nous rend tous complices de nos infortunes.

A-t-on vu, par exemple, un député du Lot-et-Garonne crier à l'Assemblée nationale qu'on les prenait pour des fraises, lui et ses électeurs ? **Jamais. Pourquoi ?** parce qu'il était un notable, trop heureux de l'être pour le prestige et pour venir faire le civilisé à Paris. Même très bien intentionné, il se trouvait malgré lui dans la situation de l'instituteur, c'est-à-dire un peu le contremaître de Ceylan. Et les électeurs l'élisaient parce qu'il était un notable et qu'ils n'avaient pas davantage conscience que les autres de ce qui leur arrivait.

Etre conditionné par son propre langage est la chose la plus insidieuse qui soit. En effet, si le langage conditionne la pensée, il est difficile de réfléchir sur le langage en se servant d'une pensée qui est conditionnée par ce même langage... Vous voyez ce que je veux dire ? Si une bonne amie conditionne son amoureux, il est difficile à cet amoureux de réfléchir sainement sur cette bonne amie puisque sa réflexion est déjà conditionnée par elle. En d'autres termes, si je me casse la jambe, il m'est difficile de courir chez le médecin pour faire soigner une fracture puisque ma jambe, justement... Vous me suivez ? En d'autres termes encore, il est plus facile de réfléchir sur la langue française en employant une autre langue, la langue anglaise par exemple : à ce moment-là, on sort du cercle, on se place à l'extérieur et l'on regarde, puisqu'on réfléchit en anglais, sur la langue française. C'est ce que j'ai fait d'ailleurs ; mais ce que je veux dire c'est que cette réflexion, les Occitans auraient pu la faire en occitan — ce que certains font actuellement. Autrement dit, si au lieu de leur étouffer leur langage on l'avait mûri et conservé, ils auraient eu moins de chance de se laisser rouler comme ils l'ont fait. Un notable aurait eu plus de peine à se faire élire uniquement parce qu'il savait bien tourner ses phrases. Il aurait fallu qu'il étoffe un peu ses discours. Les Occitans ont longtèmps élu leurs députés sur du vent. Et ce vent, bien sûr, ne faisait rien frémir du tout à l'Assemblée nationale. Je dirais même que le député lui-même se transformait quelquefois en courant d'air. Et donc le système pouvait continuer éternellement, sur le principe que si un bonhomme se casse la jambe, ça l'empêche d'aller chercher un médecin pour la lui soigner. Voilà comment il n'y a jamais eu de député du Lot-et-Garonne pour dire qu'on les prenait tous pour des pruneaux ! La tautologie ça use, il faut bien se détendre un peu...

Je complèterai en disant que ce qui est vrai pour les députés ou les maîtres d'école l'est aussi pour les écrivains qui sont, eux, entrés très tôt dans le cercle. Ils ont commencé avec Clément Marot (de langue occitane) qui fut le premier à légiférer sur le français pour plaire à la cour de France. A de très rares exceptions près, tous les écrivains originaires du Sud sont venus jusqu'à nos jours se faire introniser à Paris, et de plus ils n'ont jamais parlé d'autre chose que de Paris. Qui a chanté nos châtaigniers, nos bruyères, nos causses blancs et noirs parmi les ténors du langage ? Pourtant l'Académie a toujours été remplie de gens du Sud ! Je reviendrai plus tard sur ces questions de littérature.

Ces considérations sociologiques mises à

part, le caractère particulier de notre belle langue a d'autres conséquences sur le peuple français d'aujourd'hui, et pas seulement sur les vingt-cinq millions d'individus annexés dans les conditions que je viens de décrire.

Les falaises

S'exprimer dans une langue qui utilise les mots-signes plus que les mots-images, qui choisit les mots abstraits et non les mots concrets, qui préfère interpréter le réel plutôt que de le décrire, cela revient à donner la primauté à l'expression des idées sur la relation des faits. La langue française ayant tendance à présenter des idées, l'interprétation qui est faite d'un objet, elle conduit l'individu à accorder une moindre importance aux faits. C'est cette qualité qui la rend souple, claire et agréable lorsqu'il s'agit de conduire un raisonnement. Elle « avance pas à pas ».

La langue anglaise, au contraire, plus concrète, plus proche du réel, a tendance à donner davantage d'importance à l'exposition des faits eux-mêmes qu'à leur interprétation. C'est le reflet de nos caractères ; un Français aime à généraliser, un Anglais réclame toujours des faits — il interrompt vite un exposé qui généralise avec : « Donnez-nous des faits. » Un grand compliment pour une publication britannique c'est d'être appréciée comme « *a factual book* » — un ouvrage qui présente des faits concrets aussi bien que les réflexions qu'ils ont imposées à l'auteur. L'Anglais a tendance a vouloir juger par lui-même d'après les éléments qu'on lui présente, si possible des éléments précis, vérifiables. Par contre, on doit reconnaître que le Français a parfois tendance à accepter un peu trop facilement ce qu'on lui propose, à condition que la présentation soit bonne ; il émet des objections, il argumente, mais il se laisse finalement convaincre si le raisonnement qui lui est opposé est irréprochable. Un Anglais aime à être convaincu par des faits tangibles dont il peut vérifier lui-même l'authenticité — il accorde moins de foi au seul raisonnement. En disant cela, bien sûr, je généralise moi-même. Toutefois, c'est une tendance très nette et qui reflète les tendances des deux langues. J'ai déjà fait remarquer que, plus la langue française est abstraite, comme dans « le lourd passif de l'éducation nouvelle », plus elle impressionne son auditoire, et plus elle est prise au sérieux.

Dans le présent ouvrage, je veille à donner des faits, et d'autre part à employer un vocabulaire aussi peu technique que possible. Je suis conscient que, ce faisant, mon exposé risque de ne pas avoir pour un lecteur français tout le sérieux que lui conférerait une langue plus docte, voire un jargon épais de linguiste. Par contre, j'ai le sentiment qu'il risquerait par endroits de paraître trop théorique à un lecteur britannique, et, si ce livre devait être publié en anglais, je demanderais au traducteur d'élaguer certains raisonnements, de sauter ici et là des phrases, afin de ne pas imposer trop continûment une suite d'idées qui, après tout, peuvent être partiellement fausses.

En effet, si la langue française est parfaite pour les échanges diplomatiques, par exemple, où, comme chacun sait, c'est surtout l'interprétation que chacun donne aux faits qui compte bien plus que les faits eux-mêmes, elle peut aussi, en outre, se révéler idéale pour servir à noyer le poisson. C'est là un danger qui n'est pas négligeable. On peut, en français, à condition d'employer les tournures choisies et suffisamment de panache langagier, faire accepter à peu près n'importe quoi [1] — et surtout au peuple de France, qui n'a pas toujours, pour les raisons que j'ai longuement exposées, la faculté de se défendre sur un terrain qui demeure pour lui extrêmement mouvant.

Je crois sincèrement qu'une théorie sur les vertus du suicide collectif, par exemple, serait plus convaincante en français qu'en anglais. On arriverait plus aisément à persuader une foule française de se jeter du haut d'une falaise en s'appuyant sur un raisonnement logique toujours possible à mettre au point, qu'une foule anglaise. D'abord, si cette théorie était formulée dans un anglais savant, elle ne convaincrait personne : le style en serait imbuvable pour la masse agissante. Le

---

1. Je suis désolé d'aller ici à l'encontre d'une opinion largement répandue selon laquelle, en français, on ne peut pas mentir.

discours devrait donc lui être adressé **dans** sa langue habituelle, concrète et imagée **du** type : « *Get rid of your bodies my friends !... It's no good getting up in the morning from a cosy bed to walk into a dreary day's work. Just walk off that cliff over there !... You'll feel free like a bird for a marvellous few seconds !...* » Elle hésiterait, la foule — l'évocation, même négative, de son train-train quotidien la retiendrait ; elle ne marcherait pas. En français, par contre, en y mettant le ton, la grâce, et la logique voulue, on pourrait haranguer copieusement son monde avec quelques chances de succès. Il faudrait dire : « Mes amis !... Chacun assiste dans le monde contemporain à un amoindrissement sensible des pulsions vitales qui est pour une bonne part imputable aux fluctuations des valeurs socio-culturelles qui ont engendré au niveau de toutes les structures hiérarchisées une insatisfaction croissante et existentielle, aussi bien qu'un pessimisme latent !... — Croyez bien que les impératifs du domaine économique... Bla... — bla... bla... » Bien sûr, il faudrait faire des gestes, lever les bras au ciel d'un air important... Je ne dis pas non plus que ça marcherait à tous les coups, mais cela vaudrait la peine d'essayer. Parce que si un bonhomme vous assène ce genre de phrases, vous ne comprenez pas tout de suite, mais vous avez tendance à penser que lui, au moins, il sait ce qu'il dit. Il est possible aussi que la foule se mettrait en colère et qu'elle jetterait le philosophe par-dessus la falaise ! Mais au moins il se passerait quelque chose... La foule anglaise se contenterait d'écouter son orateur, puis elle rentrerait tranquillement chez elle pour réfléchir à la question.

C'est une boutade. Mais il est certain que les Anglais attachent moins d'importance que nous aux idées, et que par conséquent les idées trouvent chez eux un écho moins profond et moins inflammatoire. C'est pourquoi on laisse des orateurs bénévoles s'exprimer, le dimanche, sur les places publiques, et pas seulement à Hyde Park, sans que personne en prenne ombrage, alors qu'en France, le harangueur verrait arriver un car de police au bout de dix minutes d'entretien familier ! Cela explique aussi, plus sérieusement, un certain nombre de traits de la vie politique ou artistique en Grande-Bretagne que les Français comprennent mal — mais ce n'est pas ici mon propos.

Notre langue a été faite par des discoureurs de salon ; à son tour elle nous entraîne, par effet rétroactif. L'abstraction n'est pas nécessairement un trait fondamental du caractère français au départ. Un paysan, par instinct, n'a pas tendance à généraliser. Son expérience propre le lui interdit. On ne sait jamais à la campagne s'il va faire beau temps pour les foins, si la récolte sera bonne ou mauvaise, car cela dépend des conditions atmosphériques, de la pluie et du gel. Le paysan est prudent par nature, il dit toujours : « Ça dépend. » Combien de temps faut-il pour engraisser un cochon ? Un cultivateur ne répondra pas directement, il citera des exemples : « Pour celui-ci il a fallu tant, pour cet autre beaucoup moins, on ne peut pas savoir, ça dépend de la bête... » Ça dépend toujours ! L'Anglais est assez paysan à cet égard. Par contre, le paysan du Sud aime aussi le beau langage, c'est le côté latin — et d'ailleurs l'occitan littéraire est un « beau langage ». Chez nous, les gens disent

volontiers de quelqu'un avec admiration :
« Il parle bien... » Dans les circonstances
que j'ai décrites, être fasciné par un beau
parleur constitue un danger, car le manie-
ment habile des concepts sera assimilé à un
« beau langage », ce qui rend l'auditoire
d'autant plus vulnérable qu'il n'est pas en
mesure de fournir en retour la même argu-
mentation abstraite. Curieusement, les jeunes
agriculteurs syndicalistes donnent aujour-
d'hui dans le jargon technique avec une
ardeur extrême — il leur semble pouvoir
ainsi mieux lutter. En fait, on les fait jongler
avec les idées au lieu de jongler avec les
faits, et cela tourne souvent à leur désa-
vantage. Il est bien difficile de tenir sa partie
dans une joute oratoire avec un technocrate,
un sous-préfet ou même un conseiller général
qui parle bien. Il est tout de même curieux
de penser qu'un délégué syndical de nos jours
doive savoir défendre ses intérêts en utilisant
un français qui lui vient en droite ligne de
la cour de France. Bien obligé ! c'est le seul
qui existe.

Ces lignes étant lues par des intellectuels
qui n'ont pas, eux, de problème de langage,

il leur est difficile de s'imaginer la position de la vaste majorité du peuple français qui n'a pour s'exprimer que la langue parlée dont on sait combien elle est ressentie comme basse et populaire. En fait, le complexe créé chez les « classes laborieuses » est immense. Sait-on, par exemple, que beaucoup de parents d'élèves en milieu ouvrier ne vont jamais voir le maître d'école ou le professeur de leurs enfants parce qu'ils se sentent gênés ? Qu'ils ont peur de bafouiller devant ce virtuose de la « ratèle »[1], de paraître idiots, de porter tort à leurs enfants ? Ce sont les gens d'un certain niveau qui vont trouver le professeur, souvent ceux qui en ont le moins besoin parce que l'enfant travaille convenablement. Le « cadre » y va, explique. Un ouvrier demande très rarement un rendez-vous au prof ; il attend, au mieux, d'être convoqué, et se montre alors sur ses gardes, voire agressif. Les enseignants croient souvent que c'est de l'insouciance de la part

1. Cela n'est pas un mot d'argot. C'est un mot occitan qui signifie faconde, volubilité — mais il est joli.

des parents. Au contraire. Ils s'inquiètent beaucoup, mais en famille, avec leurs mots à eux, des mots souvent chargés d'angoisse.

A cheval sur deux proses

Pour en terminer avec les conséquences de la francisation telle que l'ont subie des millions de Français dans la première moitié du siècle, je voudrais évoquer à présent un aspect peu connu de la situation dans laquelle se trouvent un grand nombre d'Occitans de ma génération face au langage : en fait, il y a encore quelque huit millions de gens qui parlent occitan à l'heure actuelle.

Sous la pression de l'école, puis de la radio, le français est peu à peu entré dans toutes les familles, au point que certains enfants de ma commune, s'ils comprennent toujours l'occitan, ne le parlent jamais. L'influence de la radio et de la télévision est aujourd'hui déterminante puisque l'enfant entend du français quotidiennement pendant plusieurs heures, chez lui, depuis l'âge le plus tendre. Parallèlement, la langue occitane elle-même

252

n'a cessé de s'appauvrir. Les vieux mots sont oubliés et remplacés par les mots français plus ou moins assimilés et prononcés tels quels. Un important vocabulaire moderne est venu par nécessité s'ajouter au fond ancien, de sorte que l'occitan parlé aujourd'hui dans ma région est devenu une langue assez bâtarde qui a perdu son esprit et son originalité. C'est bien, en effet, maintenant, que l'on pourrait l'appeler un patois véritable. Un patois d'occitan, certes, mais un patois, qui n'a plus la souplesse ni l'invention de la langue du début du siècle. Comme, d'autre part, le français est loin d'avoir été acquis en profondeur, c'est-à-dire avec une charge affective suffisante, qu'il est ressenti comme une langue étrangère apprise, les gens de ma génération se trouvent curieusement sans moyens d'expression authentique. Cela est particulièrement sensible sur le plan de l'humour, par exemple.

Les vieilles gens qui possédaient encore à fond et intimement la langue occitane étaient relativement bavards et blagueurs. Ils avaient une gaieté dans leur langage, ils racontaient les choses d'une manière vivante et drôle lors des banquets, des retrouvailles au café du bourg ou des simples veillées. Aujourd'hui, mes amis plaisantent encore en occitan, certes, bien plus qu'en français — une anecdote contée en occitan est souvent intraduisible parce qu'elle perd ce qui est une source principale de l'humour : la connivence ; elle devient plate, elle ne passe pas. Mais comme ils ont perdu en grande partie (surtout les jeunes) cet usage intime de la langue natale qui donnait le pouvoir d'invention aux anciens, ils sont moins drôles, ils sont moins portés à parler des choses avec légèreté ou cocasserie. D'autre part, ils ne « sentent » pas suffisamment la nouvelle langue, le français, pour jouer avec lui. Il y a au fond de chacun l'expérience scolaire qui freine. Ce n'est pas une langue suffisamment assimilée pour permettre d'être inventif, pour faire des jeux de mots et sentir les connivences. Ce n'est pas encore leur langue à eux, et son caractère peu populaire n'est pas fait pour aider les choses — la langue elle-même n'est pas assez chaude. Ils se trouvent donc sans langue du tout, en transition, à cheval entre deux idiomes sans posséder les ressorts de l'un ni de l'autre. Trois-Pommes, qui avait commencé si gaiement dans la vie, ne rit plus ; il est devenu un adulte marqué et soucieux. Pourtant son grand-père, un ancien tisserand, était un fin diseur réputé, à l'œil pétillant, au sourire malicieux qui avait conservé sa verve primesautière jusqu'à plus de quatre-vingt-dix ans ! Verve occitane, bien entendu. Il se peut que les soucis de la vie moderne ne rendent pas les gens enclins à la farce, mais il y a un problème de langue certain.

Il y a trois ans, j'ai eu l'occasion de comparer d'une façon précise l'ambiance des cafés de la région parisienne et celle qui règne dans les cafés de chez nous. Par hasard, j'ai passé de longues heures, pendant plusieurs mois, dans un débit de boissons de Milly-la-Forêt, au sud de Paris. Je venais de résider en Corrèze, et une chose m'a frappé : les cafés de Milly-la-Forêt étaient beaucoup plus gais que ceux des petites villes, d'importance égale, de ma région. Je me suis vite rendu compte que les plaisanteries, les jeux de mots, les histoires drôles racontées par les consommateurs n'avaient aucun équivalent chez nous. En fait, ces gens du Hurepoix, (région comprise entre la Beauce et la Brie) cultivateurs, ou maçons, ou employés divers tout comme en Corrèze, maniaient le langage parlé avec une virtuosité et une invention remarquables : ils étaient réellement drôles. Seulement voilà : le français est leur langue authentique depuis toujours. Ils possèdent un français parlé avec lequel ils jouent, avec lequel ils savent plaisanter. Pour retrouver la même atmosphère de bonne humeur générale et de franche cocasserie, dans un petit café corrézien il faudrait remonter aux années 20, à une époque où les conversations s'y faisaient uniquement en occitan. De nos jours, les gens y sont beaucoup moins drôles, ils ne savent pas jouer avec la langue française et répètent, parfois, des blagues éculées du genre : « Comment vas-tu-yau de poêle ? » Ce n'est pas par manque de finesse, c'est tout simplement par manque de langage. Pour dire les choses poliment, ils sont à cheval sur deux proses... Et, bien sûr, comme on ne peut pas faire de jeux de mots sans mots, ce manque de langage devient un manque d'esprit.

7

« *English spoken?* »

Je ne sais pas jusqu'à quel point les réflexions que je viens de faire sur le complexe
du langage parlé qu'ont beaucoup de gens en
Occitanie sont valables aussi pour les autres
régions de France telles que la Bretagne ou
l'Alsace. Ce dont je suis certain, c'est que ce
complexe populaire face au français écrit et
littéraire existe dans la France entière, y
compris en son centre et noyau : Paris et ses
provinces satellites. Je dirai même que le
fossé ne cesse de se creuser entre la langue
écrite et la langue parlée, au point que les
enfants d'aujourd'hui tendent à éprouver
notre chère et vieille culture comme trans-
mise dans un idiome tellement lointain qu'il
leur devient inaccessible. Sans le savoir, ils se
détachent progressivement mais sûrement de

l'hôtel de Rambouillet. D'autre part, comme la tradition autoritaire est loin d'être morte, que l'école fonctionne — d'une façon moins avouée qu'autrefois mais réelle — à la botte de l'Académie héritière des princes et de ses agents, les braves gens se sentent plus ou moins à l'aise dans leur langue parlée dont on leur répète sur tous les tons qu'elle est vulgaire, grossière et prolétaire à leur image. Ils ont donc une attitude de crainte et de respect qui les fait consentir à perpétuer cette anomalie outrageante du type « se pointer » — expression basse. En même temps, les hautes classes essaient de renforcer pour ainsi dire leur dictature sur la langue soi-disant « menacée » en multipliant les interdictions et les avertissements de toutes sortes du genre : pas d' « alunir ».

On comprend mieux, dès lors, que la France soit un des pays d'Europe où les gens lisent le moins — un fait que l'on évite de trop divulguer par un réflexe de pudeur bien compréhensible, mais que les éditeurs connaissent bien, à leurs dépens. Les statistiques de l'Unesco faisaient ressortir, il y a quelques années, que notre pays venait en réalité à l'avant-dernier rang en Europe pour la lecture, loin derrière les pays nordiques, derrière l'Italie, et juste avant le Portugal où l'alphabétisation n'est pas complète pour les raisons politiques que chacun connaît. Comment ? La France, « Mère des Arts », serait aussi sous-développée, alors que des milliers d'intellectuels étrangers ont encore le regard tourné vers Paris, que le Français moyen est censé porter en lui la quintessence de la culture occidentale ? Ce n'est pas possible ! Je dois me tromper ! Pas la France !... Eh si ! c'est un fait surprenant, triste peut-être, mais un fait. C'est que les étrangers en sont restés à Marie-Antoinette, et ils ignorent que le Français moyen se fiche de la quintessence comme de sa première chemise, pas plus que le paysan grec d'aujourd'hui ne couve Sophocle sous son bonnet !... C'est pourquoi notre journal international, *Le Monde*, a un tirage de quelque cinq cent mille exemplaires alors que, par exemple, les deux quotidiens anglais de même niveau, *The Times* et *The Gardian*, tirent à plus d'un million chacun. C'est pourquoi aussi peut-être notre télévision est actuellement une des

259

plus indigestes du monde... Deux cercles se perpétuent en France : celui de l'élite qui possède le langage et celui du peuple français en général qui ne le possède pas. Les deux « communautés » tournent en rond sur elles-mêmes et ne se pénètrent pour ainsi dire presque jamais.

Les conséquences de cette situation pour la langue française écrite d'aujourd'hui sont simples : elle est figée. D'une part, le peuple n'ose pas y toucher parce qu'on le lui défend et parce qu'il l'éprouve comme un monument qu'il comprend mal, mais qu'il considère avec une sorte de détachement respectueux ; d'autre part, le cercle bourgeois, apeuré par la menace de ce qu'il appelle une « dégradation », fait tout ce qu'il peut pour renforcer sa pression conservatrice. Le résultat est que chacun contemple l'œuvre d'art qui nous sert de langue nationale avec les sentiments divers qu'inspire une collection dans un musée.

Il y a certes des défoulements, mais ils se font en quelque sorte à un niveau parallèle à la langue elle-même et visent à ne pas l'entamer. Le peuple se défoule dans l'argot, les intellectuels dans un langage technique, savant à l'excès, que certains raillent sous le terme d' « hexagonal ». Cela ne fait qu'approfondir le fossé qui existe depuis des siècles entre les deux communautés, et ne fait qu'empêcher davantage les rencontres.

L'argot

L'argot français doit être un des plus florissants du monde. L'argot est, à l'origine, une langue de gens qui ne veulent pas être compris de tout le monde pour des raisons de sécurité — un système de mots de passe, un langage en code secret. Ç'a été d'abord, uniquement, la langue des voleurs, ça l'est encore dans certains pays. En France, c'est la langue de tout le monde et elle n'a de secret pour personne. Par exemple, en anglais le verbe « *to grass* », qui signifie « dénoncer » dans le milieu des prisons, n'est compris que des truands eux-mêmes. Le vaste public l'ignore, ce qui lui garde son caractère de code. Les mots-codes, en français, circulent à une vitesse beaucoup plus grande et deviennent bien vite le secret de polichinelle, à tel point que les authentiques voleurs ne savent plus où donner de la tête et doivent inventer sans cesse. C'est l'aspect culturel du métier de voyou... Un verbe comme mater (espionner, voir sans être vu) vient du gardien de prison (le maton) qui observe la cellule au travers du judas. C'est un terme qu'emploient certaines personnes couramment, surtout dans un contexte d'aimable voyeurisme. Les ouvriers du bâtiment, à Paris, les peintres, en particulier, matent les immeubles voisins du chantier, parfois à la jumelle !...

L'argot en France est extraordinairement vivant et ne se cantonne nullement à ce que les vieilles dames et les lettrés appellent « la langue verte », avec un soupçon de gourmandise et un frisson amusé. C'est à proprement parlé la langue quotidienne de tout un chacun : tout le monde bouffe, se balade, bosse, va au pieu, déconne ou prend son pied comme il l'entend ! En fait, elle est l'expression de la volonté populaire de former des mots, de jouer avec le langage, de se trouver des connivences — toutes choses que la langue officielle ne permet pas. Alors on la laisse où elle est, la langue officielle : on invente, on se fait plaisir. Il faut dire aussi que l'argot est d'autant plus vivant que ce terme recouvre en réalité toutes les inventions autres que savantes. Un mot vient de naître ? Il circule dans le public ? Ça ne peut pas être du français puisque le français est une langue morte, qu'il n'enfante plus — alors c'est de l'argot !... Admettons, par exemple, que je dise à un ami en lui montrant une bouteille de vin : « Donne-moi un verre de piot. » Chacun dira que je viens d'employer un mot d'argot. En fait, ce mot-là est de l'excellent vieux français. « Pourvu que nous ayons du piot à suffisance », dit Rabelais. De même lorsqu'on dit : « Nous avons bu un litron à deux », on ne se doute pas que litron est un beau vieux mot qui signifie une ancienne mesure de 0,8 litre, qu'il vient du grec tout seul, et que « litre » n'en est en réalité qu'un dérivé. A la limite, n'importe quel mot neuf et un peu imagé est ressenti comme de l'argot — n'importe quel mot, je crois, qui n'a pas été rencontré au moins une fois dans une dictée à l'école. C'est au point que lorsque de Gaulle a lancé à la télévision en 68, devant des millions de Français, son célèbre : « Non à la chienlit », tout le monde a cru que, descendant soudain de l'Olympe, il se mettait à parler argot ! Ça a fait comme un choc !... Certains commentateurs se sont même indignés dans la presse le lendemain ! Il ne s'agissait pourtant que d'un vieux mot qui signifie « mascarade », et depuis longtemps. Mais comme il est pittoresque, on n'a pas cru qu'il était français. Français ? c'est-à-dire froid, compassé, d'une élégance vieillotte, abstrait si possible, avec un vague relent d'école et de tableau noir.

L'argot, c'est le défoulement d'un peuple étouffé, brimé dans son expression d'une façon incroyable. C'est la joie de parler.

Un néo-patois ?

A l'autre pôle, se développe depuis de nombreuses années, parmi les intellectuels, un langage qui reste, lui, totalement incompréhensible du commun des Français, et qui se caractérise par l'usage systématique de mots savants. Il convient d'être prudent, car les critiques adressées au jargon des philosophes émanent souvent de milieux réactionnaires qui, sous couvert de défendre le beau langage, attaquent le contenu, et pour être amusants défendent en fait leurs valeurs bourgeoises menacées. Pourtant, il n'est pas douteux que certains intellectuels se défoulent dans le jargon de façon nettement outrancière. Il est sûrement nécessaire d'inventer des mots nouveaux pour traduire des concepts nouveaux, et ces vocables ainsi créés ne sauraient être autre chose qu'abstraits. Mais est-il également nécessaire de traduire en mots savants des notions coutumières qui ont déjà une expression dans le langage courant ? Exemples : les occulter (pour cacher), situation conflictuelle (pour tension), excentré (pour éloigné), etc., sont-ils de la plus haute urgence linguistique ? Tous les belligérances, irrationnalités, immédiatéités, historicismes qui aboutissent à cette langue que R. Beauvais a appelé « l'hexagonal » ?

« Redonner une vie aux régions avant toute chose, c'est rendre aux habitants la confiance en eux. »

devient :

« La décentralisation régionale prioritaire se traduit par une réactivation des systèmes de conditionnement intimes. » (R. Beauvais : *L'Hexagonal tel qu'on le parle.)*

Ici, le défoulement, parallèle et opposé à celui de l'argot, consiste à suivre la tendance à l'abstraction de la langue française et à la pousser jusqu'à ses extrêmes limites. Je crois que c'est la langue elle-même qui conduit ces intellectuels à se retrancher ainsi du monde. Un tel langage n'est pas possible en anglais, par exemple, et les intellectuels anglo-saxons ne semblent pas en souffrir dans leurs recherches ! Pourquoi le français ? Là encore, c'est une ultime conséquence de son évolution aristocratique. A partir du moment où la langue, dans son esprit, est déjà coupée du réel, où les mots, même usuels, ne sont pas fortement attachés à un objet, une image, il n'y a aucune raison pour qu'elle n'évolue pas dans l'abstraction pure. La coupure est déjà faite lorsqu'on passe de « L'éducation nouvelle a bon dos » à « L'éducation nouvelle a un lourd passif ». On peut alors décoller complètement, aligner les concepts et employer le vocabulaire qu'on veut ; on pourrait étaler des mots grecs, turcs, n'importe quoi puisque, dès lors, on s'occupe uniquement de leur signification abstraite. Cette convention est acceptée parce que de toute façon la langue commune est figée, intraitable, et que le public a pris l'habitude de la considérer comme langue morte et distante de lui. Peu importe alors qu'elle oscille un peu plus ou un peu moins dans l'abstrait. A la limite, ça pourrait être aussi bien des chiffres... Un anglais de cet acabit serait tout simplement ridicule — c'est parce que la langue anglaise est vivante et n'a jamais été coupée de ses racines.

« Chose étrange, dit R. Beauvais, jamais les intellectuels n'ont autant revendiqué pour la culture des masses que depuis cette prolifération de l'hexagonal qui, précisément, éloigne les masses de la culture. » Cela dépend, bien sûr, de ce que l'on entend par « culture ». Si c'est le plat refroidi légué par nos aristocrates et que l'on nous a forcés d'avaler jusqu'ici « une cuillerée pour papa, une cuillerée pour le monsieur qui dirige l'école, une cuillerée pour ton examen... » ça n'est peut-être pas une catastrophe que « les masses » s'en éloignent ! Mais si l'on entend par culture la possibilité de juger par soi-même et la possession d'un langage et d'un système de références qui permettent à l'individu de ne pas « se laisser mener par le nez comme un ours [1] » — désaliénant ? — il est certain que tout ce qui concourt à cet éloignement est fâcheux. En particulier, l'usage d'un idiome hermétique qui perpétue d'une autre façon le privilège de la pensée réservée à une élite me paraît grave. Dès lors que l'on définit la révolution comme « une constellation politique dont les données propres modifient profondément les structures précédant son opposition », on risque de manquer de révolutionnaires. D'autre part, R. Beauvais remarque qu'un tel langage « manié par les pouvoirs publics devient un instrument de pression d'autant plus redoutable qu'il est plus doucereux ». Cela est parfaitement exact. Au lieu de « Il faut augmenter les prix », annoncer « Il faut réajuster les structures tarifaires », c'est déguiser la chose sous le couvert de mots savants, de l'hypocrisie

1. Scarron : *La Mazarinade.*

pure et simple. « L'augmentation des salaires sera suivie de rappels » qui devient : « L'abondement des traitements va **rétroagir** sur l'éventail des indices de rémunérations. » Cela fait tout de suite plus riche et mieux payé. Mais que répondre à une telle affirmation si cette augmentation justement vous paraît insuffisante ? Le temps que vous trouviez la réplique, votre bonhomme sera déjà loin !... C'est vrai « qu'un des effets les plus redoutables de l'hexagonal est de nous conduire insensiblement à voter pour des programmes dont nous ne comprenons pas un mot, à dire amen à tout, par renoncement ». On peut juger de l'effet qu'une langue aussi biscornue peut avoir, par exemple, sur mes compagnons d'études, là-bas dans nos collines corréziennes !

Si l'on retient la définition d'un patois comme « la déformation d'une langue qui tend à la rendre peu claire », on est obligé de reconnaître qu'une grande partie de nos élites parlent patois. Certaines revues artistiques ou économiques sont à l'heure actuelle entièrement rédigées en patois, ce qui est un grand avantage parce qu'elles évitent ainsi le jugement du public qui ne peut pas les lire. Cela permet de rester entre soi et de ne pas sortir du cercle des gens convaincus d'avance. C'est un peu comme sous l'Occupation où on parlait occitan dans le train en présence des Allemands. Les gens pouvaient dire ce qu'ils voulaient, les pires insultes, étant sûrs de ne pas être dérangés. Nos élites procèdent de la même façon : les critiques parlent patois, et ils sont tranquilles. Disons néo-patois, ça fait plus instruit... C'est dommage. D'autant plus dommage que les gens qui s'expriment ainsi sont souvent ceux qui disent les choses les plus intéressantes aujourd'hui, et que cet abus crée une confusion fâcheuse entre un indispensable langage technique de la pensée, le langage philosophique proprement dit, et le charabia. On risque ainsi de faire tout rejeter en bloc et sans discernement — le bébé avec l'eau du bain.

Dansez, maintenant...

Il n'est pas difficile de se rendre compte que ces deux défoulements parallèles, l'argot d'un côté, la langue savante de l'autre, ne font pas, si j'ose écrire, les choux gras de la langue française proprement dite. Qui s'occupe d'elle ? Eh bien ! elle est abandonnée à ses gardes du corps traditionnels : les puristes. Ce ne sont pas eux qui vont lui fabriquer des mots tout chauds pour les notions nouvelles qu'elle devrait en principe être à même d'assimiler. L'époque tombe mal pour notre langue : il faut que ce soit justement en un siècle d'invention débridée et de bouleversements dans tous les domaines, qu'elle doive rester pure et dure dans sa virginité. Quel contretemps ! Alors ? Qui invente des mots pour la langue française ? Parce que, enfin, si on refuse ceux que fabrique joyeusement le peuple français en les appelant « argot », si les intellectuels s'enferment avec hauteur dans un gréco-latin de laboratoire, il faut bien que quelqu'un s'occupe du tout-venant !... Qui invente des mots pour la langue française ? Eh bien ! les Anglais !... Oui, c'est curieux, un peu inattendu sans doute, mais c'est ainsi : les Anglais et les Américains !

Il est je crois inutile de revenir sur un fait

que chacun connaît : l'envahissement de la terminologie anglaise, de week-end à self-service. Etiemble a depuis longtemps analysé le phénomène et lancé le mot « franglais ». Il ne s'agit pas non plus de se disputer pour savoir si l'on doit ou l'on ne doit pas accepter les vocables étrangers : constatons simplement qu'ils arrivent et continuent à s'installer sans demander l'avis de personne. Le problème est de comprendre pourquoi ils viennent, et surtout pourquoi ils ne sont pas assimilés phonétiquement d'abord, dans l'orthographe ensuite.

Je crois que l'analyse que j'ai faite au long de ce livre fournit déjà un élément de réponse suffisamment clair : la langue française est figée, bloquée dans ses rouages pour toutes les raisons historiques et sociologiques que j'ai brièvement évoquées. Le résultat, c'est qu'elle n'assimile plus du tout. Comment voudrait-on que les gens de ma commune, après la formation autoritaire qu'ils ont reçue et le complexe linguistique qu'elle leur a donné, se mêlent de franciser les mots que leur fournit la radio, le journal ou la télévision ! Ils vont au pressing comme tout le monde et acceptent le camping comme ils ont accepté tout le reste. Week-end ou volley-ball ne sont pas plus étranges pour la majorité des Français que turbo-réacteur ou salade russe. Au début, les choses avaient fait problème : les ouvriers disaient « footeballe » comme ils disaient « chez Citron ». Mais on a eu vite fait de les convaincre de leur ignorance !... Ah ! si on n'avait pas considéré que « métinge », comme disait la foule avec juste raison pour meeting, faisait argotique, populaire, ignorant et ridicule, qu'on ait laissé les gens assimiler l'anglo-saxon à leur guise, on n'en serait peut-être pas là ! Mais ce sont les mêmes qui ont trouvé autrefois que « métinge » était de l'argot inacceptable qui viennent pleurer aujourd'hui sur les beautés perdues de la langue à papa ! Ce sont ceux-là, les officiels, les bourgeois, les pédagogues et les snobs qui ont empêché le peuple de parler le français ! Et ils viennent aujourd'hui accuser « les Français » de lâcheté, de démission ! Ils ont un certain toupet !... Ah ! seulement voilà : un « métinge » ça leur faisait peur en 1936 ! Ils n'en voulaient pas des « métinges » populaires ! Ils ont préféré les changer en meetings !... Eh bien ! dansez maintenant !

Demandez le vestiaire

Le problème ne date pas d'aujourd'hui, et il a longtemps fait sourire. Pendant l'Occupation, il n'y a pas eu de complications linguistiques ; il était patriotique d'utiliser le français, et il n'est resté que fort peu de mots allemands dans la langue : ersatz est le plus courant, il avait une valeur péjorative. A la Libération, l'arrivée des Américains par contre provoqua une immense vague d'anglomanie. Ils étaient les libérateurs. Ils venaient d'un pays beaucoup plus évolué sur tous les plans. On sait quel engouement s'ensuivit pour tout ce qui venait d'Amérique, à commencer par le chewing-gum. La France était en ruine, les produits américains affluèrent, ils avaient des étiquettes anglaises, l'anglais commença à se déverser dans la langue française — il n'a cessé depuis lors. La publicité actuelle joue sur cette fascination pour un pays dont l'évolution technique est

274

considérable. Les publicistes prennent soin de vanter leurs produits en anglais, non parce qu'il serait difficile de traduire les slogans ou les noms de ces produits, mais parce qu'ils se vendent mieux ainsi. Ils traduiraient plutôt en anglais les étiquettes des produits français pour les vendre en France ! Certains le font, encouragés par le courant qui fait que la moindre boutique qui s'ouvre dans nos villes prend une enseigne à consonance vaguement anglo-saxonne pour mieux attirer le chaland. Mode passagère ? Peut-être... C'est ce qu'on dit.

Toujours est-il que le problème a pris des proportions telles qu'on l'appelle aujourd'hui « la menace de l'anglais ». On réagit, on s'inquiète, on s'interroge. Et comme toujours en France, on fait appel aux autorités, on fait appel à la loi. Rien n'a changé depuis Richelieu en somme, sauf que la cour s'appelle gouvernement. Celui-ci prend des « mesures ». Le *Journal officiel* en date du 18 janvier 1973 publie des « arrêtés de terminologie » visant à bannir l'emploi des mots anglo-saxons et à les remplacer par des termes bien de chez nous. « Le gouvernement francise les mots techniques, titre *Le Monde* du 19 janvier 1973. Cette révolution — car c'en est une — n'a été effective qu'après les travaux des différentes commissions ministérielles de terminologie, travaux qui ont dû d'abord recevoir l'accord de l'Académie des sciences avant d'être soumis en dernier ressort à l'Académie française. » Que de beau monde ! Vraiment c'est une curieuse langue vivante que la nôtre qui a besoin de tant d'académies rassemblées pour lui fournir ses forces vitales ! Le moins qu'on puisse dire, c'est que la liste des mots imposés est éloquente sur la perte de vitalité du français. Personne n'a donc été capable, nulle part, de passer de *cableman* à câbliste, de *perchman* à perchiste, de *clip* à agrafe, de *finisher* à finisseur, de *loop* à anneau, pour qu'il faille réunir tant de doctes personnes pour les inventer et qu'il faille une loi pour les imposer ! On croit rêver en lisant que *loader* n'était pas devenu tout seul chargeuse, par le gentil truchement des gens qui se servent d'un tel appareil ! Que *dressing-room* ne soit pas devenu vestiaire (*to prepay* : prépayer) ! C'est mesurer l'absence complète de réaction de la langue française, qu'il faille un arrêté pour ajouter un « e » à « scripte » ou rattacher « pipeline » ! Les gens ne pouvaient donc pas le faire tout seuls ? Comment cela se peut-il ? Eh bien ! les Français n'osent pas toucher à la langue. Prenons, par exemple, *kitchenette* qui devient par force de loi cuisinette. Il semble que nous aurions pu le trouver nous-mêmes. Oui, mais si le Français prend une cuisinette, il la ressent comme une cuisine trop petite où il aura du mal à se retourner, tandis que si on la lui baptise *kitchenette*, il l'accepte comme un jouet à la mode. Et puis le mot n'a plus cette consonance triviale de cuisinette — puisqu'il serait nouveau, n'est-ce pas, ce ne serait après tout que de l'argot ! Ah ! Richelieu avait bien fait les choses ! « L'Académie française est intervenue au titre de gardienne de la langue — sa vocation traditionnelle [...] c'est essentiellement la notion de bon usage qui a prévalu... » Comme on est rassurés ! On peut dire cuisinette !...

Le commentateur du *Monde* ajoute : « Le jargon des journalistes est invité à s'alléger : le *desk* sera le bureau des dépêches [c'est plus long, mais plus logique]. » Fort bien, mais les journalistes sont des gens pressés et il y a gros à parier qu'ils ne changeront pas une syllabe rapide contre cinq à articuler — ils continueront avec *desk*. Pourquoi ne pas opérer tout de suite la contraction qui s'impose ? Pour que « bureau des dépêches » soit vraiment utilisable et ne constitue pas une perte par rapport à la concision de l'anglais, pourquoi ne pas fabriquer « burpêche », par exemple, ou « burdèche » ? « Apportez ça dans le burdèche » — ce serait commode. Ah ! mais ça fait drôle un mot neuf, en français !... Burdèche ?... On n'a pas l'habitude. Pour tout dire, burdèche, ça fait un peu argot... En fond de palais... Vous voyez ? M. Maurice Genevoix, secrétaire perpétuel de l'Académie française, et le haut Comité de la langue française... annonceraient « burdèche » ! Ça n'est pas possible ! Nous dirons « desk » et nous écrirons « bureau des dépêches » — langue parlée, langue écrite...

Il semble que cette passivité de notre langue soit une fatalité, que de toute façon il soit naturel d'utiliser tels quels les mots étrangers, et que du reste toutes les langues en fassent autant. Bien sûr, emprunter quelques termes ici et là, en petite quantité, ne peut faire grand tort à personne. Mais au point de replacer progressivement le vocabulaire courant, c'est une autre affaire.

Je n'ai fait que deux séjours en Espagne, à quatorze ans d'intervalle. La première fois que j'y étais, en 1958, il y avait des *sandwiches* partout ; l'été dernier, en 1972, dans la même région, ils avaient disparu. Ils étaient devenus des *boccadillos*. Pourtant, Dieu sait si le tourisme est important en Espagne. Alors comment se fait-il que les Espagnols aient digéré leurs *sandwiches*, qu'ils aient remplacé le mot par un mot local, tout au moins dans la région de Barcelone ? J'ai lu le journal pendant une dizaine de jours et je me suis aperçu que les mots anglais y étaient rarissimes. Je n'en ai trouvé que deux, et encore dans un article sur Londres, et de plus ils étaient imprimés en italique ! Je sais bien que c'est là une observation extrêmement réduite, mais la langue espagnole me semble assimiler les notions nouvelles avec plus de vigueur que la nôtre. Et

pourtant les capitaux américains sont, paraît-
il, aussi abondants en Espagne qu'en France !
Si la langue française n'assimile plus, ça ne
tient pas à l'air du temps, mais à des causes
profondes.

Un laborieux détour

En fait, la menace la plus sérieuse réside
dans les structures de notre langue elle-même
qui la mettent dans un état de faible résistance face à la formidable pression que l'anglais exerce sur elle. Aux époques reculées,
c'étaient les artisans qui fabriquaient les
objets, donc le peuple, et qui leur donnaient
un nom. Ils avaient le droit de baptême, ils
inventaient le mot avec la chose. Dans notre
société, l'objet aussi bien que l'outil qui sert
à le fabriquer sont créés au niveau des
bureaux d'études, des ingénieurs, de cadres
qui ont une certaine culture langagière, et
qui d'ailleurs sont familiarisés avec la langue
anglaise. Ce sont eux qui nomment les objets,
lesquels ont souvent fait l'objet d'études aux
Etats-Unis, et arrivent avec une terminologie
toute prête. Seulement là où l'anglais est un

réservoir de mots concrets, de vieux mots pratiques dans lesquels il suffit de puiser pour trouver le terme adéquat à la fonction nouvelle; le français, lui, se trouve relativement à sec. On ne peut pas avoir été la langue des princes, avoir eu Malherbe pour bannir les mots techniques, et redevenir tout d'un coup une réserve vivante de vocables industriels. Qui sait, en France, ce qu'est exactement un toit de bardeau ? Peu de gens. Bardeau est un mot désuet, resté dans une chanson de classe : *Là-haut sur la montagne*. En anglais, chacun sait que *a shingle roof* est un toit en planches ; on prend *shingle*, on l'utilise avec naturel dans l'industrie... et il passe chez nous ! Il faut que l'Académie rétablisse : « bardeau — *shingle* », au *Journal officiel*. Sur un appareil photographique, je dois expliquer à un enfant que les positions « *lock* — *open* » correspondent à « fermé — ouvert ». En effet, « *lock* » est technique — que dire en français pour être plus précis que « fermé » ? Rien ne vient à l'esprit, alors on laisse les incriptions anglaises, plus courtes, plus commodes. Il suffit à l'usager d'être mis au courant une fois, pour que « *lock — open* » passe dans l'usage..., et ainsi de suite avec d'autres notions. Le manque de mots concrets usuels fait que nous employons à jet continu des termes vagues tels que truc et machin. « Qu'est-ce qui assujettit le couvercle de l'appareil photographique ? — C'est un truc que l'on pousse, un machin métallique... » Si la chose est un peu plus compliquée, on l'appelle bidule et tout est dit. Nous aurions bien le mot « fermoir », mais il vient automatiquement à l'esprit de combien de gens ? Il demande un effort qui n'est pas compatible avec l'expression spontanée de chacun. Du reste, le mot fermoir est figé sur bracelet et collier, des bijoux précisément ! J'ai déjà dit que l'orfèvrerie ne manquait de rien.

Ce qui a fait la force du français chez les princes — son affectation, son absence voulue de battant, de palpitation physique, sa propension à jongler avec les traits d'esprit, qui ont fait le régal des cours d'Europe parce qu'il ne sentait pas la sueur du peuple — en fait aujourd'hui sa faiblesse. La langue des « vieilles familles de la bourgeoisie parisienne » est élégante, racée, discrète ; elle a fait l'admiration des étrangers qui ont envoyé leurs fils à Paris pour prendre le bel air et le goût des belles choses. Fort bien... Quels étrangers ? Notre langue n'a jamais, que je sache, fait pâmer d'aise les mineurs de fond du Yorkshire qui n'ont, de mémoire d'Anglais, jamais fréquenté les salons parisiens ! Admiration et délices à l'intérieur d'une classe sociale bien définie, nobles et bourgeois de tout poil et de toutes races qui s'unissaient dans un majestueux élan de caresses pour mieux brimer leurs peuples exploités ! Je ne vois pas pourquoi je devrais, moi, en être fier... Or, ce raffinement du français se retourne aujourd'hui contre lui dès qu'il s'agit de le faire passer à la chaîne de montage ou de le faire pointer à la porte des ateliers. Elle a des coquetteries, notre langue, elle n'a pas été faite pour traîner dans l'huile — ça la tache. Voilà pourquoi on peut très raisonnablement parler de « menace » de l'anglais.

Le danger réside en ce que la langue française a aussi perdu ses images et ses connivences, et que la langue parlée est relativement pauvre, malgré son argot. Plus pauvre que la langue anglaise parlée qui n'a pas la même coupure avec celle qui circule dans les livres et dans les journaux. De nos jours, une véritable universalité de cette langue dans les milieux industriels et commerciaux, pour des raisons économiques dues à l'expansion des Etats-Unis plus qu'à celui de la Grande-Bretagne, lui donne une puissance authentique et une force corrosive auquel le français aura du mal à résister s'il continue à n'évoluer que par force de loi. Notre langue est· en situation de moindre résistance, comme une plante de serre. La mode aidant, elle peut véritablement tomber malade. Je n'ai nulle intention de jouer les prophètes et de préjuger de l'avenir, mais j'ai déjà vu mourir une langue, ou presque, chez nous : l'occitan. Après tout, il ne faudrait pas grand-chose pour faire de l'anglais une seconde langue qui apparaîtrait bien vite, en une ou deux générations, comme la langue principale. Déjà, dans certaines branches de l'industrie, une connaissance rudimentaire de l'anglais est nécessaire aux ouvriers pour l'accomplissement de leur travail quotidien — sans parler des cadres. A l'autre extrémité, les chercheurs français publient déjà leurs travaux directement en anglais, pour des raisons de public et de commodité. Il suffirait à certaines boutiques d'avoir la double pancarte à leur porte — « *open, closed* » — et une vendeuse bilingue pour que, ma foi, elles aient un air d'outre-Manche acceptable. On ne peut pas m'accuser d'anglophobie ni d'éprouver une quelconque nostalgie de la « prééminence du français dans le monde ». Je ne fais que constater. La chose s'est produite à Brive, il y a soixante-dix ans, les circonstances étaient favorables — on pourrait recommencer ? « *English spoken ?* » Après tout, on aurait pu nous enseigner directement l'anglais là-bas, en Corrèze, il y a trente ans. Au lieu de nous faire faire ce laborieux détour par le jardin du Luxembourg et les quais de la Seine au printemps, on aurait pu passer directement à Hyde Park et Piccadilly ! Les cultivateurs de chez nous feraient aussi bien les foins en anglais — mieux même, car la langue est plus proche de l'occitan ; ils seraient moins dépaysés, et sûrement moins frustrés. Que l'on vous dise « *Good lad !* » ou « *Brave 'fant !* » c'est pareil, le même ton, la même connivence et gentillesse. Et il n'y a pas d'équivalence en français. Nous continuerions tous à nous méfier tranquillement des coupures imposées au réel, des discours creux, de l'abstraction de haute voltige qui nous promène en des sphères parfois douteuses. Nous ne saurions toujours pas très bien le temps qu'il va faire demain... Je suis là pour témoigner : j'ai appris l'anglais avec soulagement. Oh ! bien sûr, il y a le charme de l'exotisme, d'un parler d'ailleurs, des voyages ! C'est certain. Mais il y a davantage, celui d'une langue vivante et concrète — j'y ai retrouvé un peu mes racines.

Dans un *pub* anglais de campagne, j'ai parfois l'impression curieuse d'un voyage dans le temps, d'une Occitanie libre où les gens seraient bavards et contents, diraient librement les choses qui leur passent par la tête. Ce sont les mêmes gens. En fait, si par un hasard historique les lois Jules Ferry avaient imposé l'anglais aux masses dans les mêmes conditions, au lieu du français, la population française aurait assimilé la nouvelle langue deux fois plus vite et beaucoup plus profondément. Il n'y aurait aujourd'hui aucun problème de coupure et de complexe. Il n'est peut-être pas trop tard ?... Je pose la question : « *English spoken ?* » Carrément ?.. Et qu'on n'en parle plus ?..

La fine bouche

Ou alors, peut-être que nous pourrions dégeler la langue française autrement qu'à coups de semonces ? La chose est réalisable, car il suffit au fond de peu de chose. Le mal a été fait parce que la vieille bourgeoisie gouverne la langue. Si on ne la laissait plus gouverner ? Qu'on change le pronom impersonnel de sens ? Que le « on » ce soit « nous » ? La langue française est vivante, mais on l'appelle « argot ». Supposons qu'on ne l'appelle plus argot, mais langue française ? Alors, c'est très différent ! Si je peux me pointer quelque part sans faire vulgaire, tout va bien !... Si nous pouvons embrayer comme il nous fait plaisir, ça voudrait dire que le « on » change de côté. Qu'on ne nous fasse plus croire que casse-cul est plus choisi que casse-gueule !... Ce serait le « on » populaire qui choisirait !... Ah ! c'est trop affreux ! Ces ignorants qui diraient la langue ! Mais non, on s'arrangerait... Il y a de belles choses dans la langue française. On pourrait mélanger, faire un dosage... Si seulement on cessait de lancer des ukases, si les puristes voulaient bien ne plus s'effaroucher comme des douairières et planter là des préoccupations d'un autre âge sur la taille de telle nuance, de telle autre, plus conforme au génie ! Quel génie ?... Ils pourraient s'occuper de faciliter le passage de ce qu'il y a de riche et d'inventif dans la langue parlée à la langue écrite — et *vice versa,* naturellement !

Il y a une chaleur, une connivence dans la langue parlée qu'il serait bien utile de capter — et tant pis pour le bon usage. « Bon » par rapport à quoi ?... Ne serait-il pas temps de reconnaître qu'il y a aujourd'hui deux formes de négation courante, avec ou sans « ne ». C'est un exemple, mais enfin, entre « J'en veux pas » et « Je n'en veux pas », il n'y a pas qu'une différence de niveau. Chacun dit les deux formes dans une même conversation, sauf peut-être dans certaines

sphères. « Je n'en veux pas » a un effet
d'insistance par rapport à l'ordinaire « J'en
veux pas ». Pourquoi refuser droit de cité
à la forme courante ? Parce qu'elle n'est pas
grammaticalement conforme à l'origine de la
négation, parce que seul « ne » nous vient
du latin ? Il faudrait savoir si nous nous
exprimons pour notre usage ou si nous devons
parler pour faire plaisir à nos ancêtres gallo-
romains ! Les deux formes, ensemble, cons-
tituent un enrichissement : pourquoi ne pas
en prendre acte ? Faut-il attendre que chacun
dise : « *I don't want it* », tout simplement ?
Si quelqu'un dit « On a visité la ville », faut-
il absolument lui faire rectifier par « Nous
avons visité la ville » ? Est-ce que l'on ne sent
pas que ce n'est pas tout à fait la même
chose ? Que le « On a » est plus intime,
plus connivent ? Dans « On a visité la ville »,
il y a, à l'arrière-plan, une sorte de : « Vous
savez bien, à la façon dont les gens visitent
une ville d'habitude, on a fait un tour, quoi,
comme tout le monde. » C'est un procédé
d'allusion à une expérience familière que ce
« on » indéfini, comme en anglais « *we went
around* ». Instinctivement, les Français cher-

chent dans la langue une connivence qui fait gravement défaut. « Nous avons visité la ville » a quelque chose de plus exceptionnel dans la visite. Cela appelle presque une description, ou tout au moins on s'attend à ce que ces visiteurs-là donnent des précisions : « C'est joli, le centre, le vieux quartier, autour de l'église. » « On a visité » sous-entend autre chose : que la visite n'avait pas beaucoup d'importance, ce qui était bien c'est que nous étions ensemble — on a fait les fous, ou bien on s'est promenés la main dans la main, selon le contexte. « On » est plus chaud, plus grégaire. Encore une fois, les deux tournures côte à côte sont un enrichissement pour la langue dont les Français ont grand besoin. Pourquoi faire la fine bouche, refuser ? Parce que les puristes ont prêté serment sur un gros livre de grammaire, comme on jurait autrefois sur la Bible ? Ce n'est pas sérieux !...

D'ailleurs, a-t-il jamais été sérieux de confier à une poignée de rats de bibliothèques, de rêveurs d'éternité en chambre, le droit de régenter une chose aussi mouvante — en principe — aussi palpitante qu'une langue vivante ? J'apprends avec stupeur[1] que le genre de certains noms inquiète nos doctes. Masculin, féminin, cet aspect du français qui relève plus que tout autre de l'instinct collectif, de la conscience populaire — la mer, le soleil ! Il paraîtrait, par exemple, qu'une majorité de sages voudrait appeler le *Concorde* : la *Concorde* ! Qu'ils hésitent aussi entre le *France* et La *France* pour le célèbre navire ! On dit la *Caravelle*, cela renvoie au bateau à voile, à Christophe Colomb, c'est joli. Mais « la » *Concorde*, un avion qui soulève tant de querelles et de polémiques ? Ce phallus volant : « la » *Concorde* !... Et c'est à de pareils gros pleins de soupe de l'intuition qu'il faudrait confier notre langue !...

Si vous rencontrez un puriste dans la rue, ne lui faites pas de mal, il peut encore servir — mais tenez-vous à distance, cet homme peut être dangereux.

Car enfin, le problème étant posé, analysé, trituré, et quand bien même on l'examinerait encore sous toutes ses coutures, la question

1. Par le *Grevisse*.

demeure : Que faire aujourd'hui de la langue française ? La résurgence et la revitalisation des langues régionales est une excellente chose, une chose importante dans la mesure où elle permet une prise de conscience des populations, une décolonisation des esprits qui s'est déjà amorcée dans le Sud de la France ; mais, à moins d'obtenir immédiatement et sans délai, dans les deux ou trois années qui viennent, leur usage partiel sur les chaînes régionales de radio et de télévision, ainsi qu'une initiation systématique à l'école primaire, leur survie en tant qu'expression authentiquement populaire risque de demeurer un vœu pieux.

Si les efforts qui sont faits de nos jours pour sauver l'occitan s'étaient produits il y a trente ans, la cause était gagnée d'avance. Aujourd'hui, c'est l'extrême limite. Le monde rural traditionnel, gardien de la langue au cours des siècles, est en voie de disparition — si l'audio-visuel ne se met pas en branle tout de suite, l'issue est loin d'être assurée. Mais, quand bien même le remettrions-nous à temps sur les rails, le problème de la langue nationale demeure entier. Ce français que nous avons eu tant de mal à acquérir, allons-nous le laisser à son tour devenir une langue bancale, ou plus exactement le laisser éclater en deux idiomes de plus en plus étrangers l'un à l'autre : une langue classique, intouchable et morte, d'un côté, et un langage quotidien interdit de séjour culturel, de l'autre ?

Faut-il vraiment attendre que l'anglais vienne nous mettre tous d'accord, et qu'il s'impose à nous dans quelques décennies comme seule langue de culture ? Ou bien pouvons-nous dès à présent envisager autre chose ?

Quoi ?...

Teinter la pilule

D'abord, on pourrait commencer avec les enfants. Au plus fort de l'instruction publique, maintenant obligatoire pour tous jusqu'à un âge avancé, contre toute attente ils se détachent de plus en plus de la langue française, les enfants de France, de cette belle langue que l'on tâche de leur inculquer avec ou sans réformes. C'est ce que l'on appelle la « crise de l'enseignement du français ».

Sans vouloir traiter ici un sujet compliqué et délicat, il faut bien voir tout de même ce qu'on leur demande aux gosses de chez nous, comme trapèze intellectuel, pour exprimer les plus simples événements. Si, à mon époque, nous ne pouvions écrire sur le cahier les choses de la vie occitane sans des transformations radicales et de haute voltige, les enfants d'aujourd'hui ne peuvent pas davantage raconter une petite histoire avec leurs mots de tous les jours. Et pas seulement les enfants corréziens ! Ceux du pays tout entier, région parisienne comprise ! La difficulté réside dans les structures de notre langue officielle, seule admise en rédaction scolaire.

Soyons concret, prenons un exemple : supposons que l'on demande à un garçon de douze ans ce qu'il a fait le dimanche, et admettons à tout hasard qu'il ait fait de la bicyclette. Réponse parlée du garçon, en langage moyen :

« Dimanche dernier ? On a fait une balade à vélo avec des copains... On s'est bien marrés !... On a pris une petite route où y avait personne... Puis on a trouvé un petit village... », etc.

Il dit ce qu'il a fait, aucun problème. Un enfant anglais du même âge pourrait, à peu de chose près, répondre lui aussi en ces termes :

« *Last sunday ?... Well, I went for a ride with some friends. We had great fun !... We picked an empty road in the country, then we came to a small village...* »

Mêmes circonstances, réponses analogues. Seulement voilà : si maintenant on demande aux deux enfants de faire un compte rendu écrit de ces événements on ne peut plus ordinaires, le petit Anglais de douze ans a toute la chance pour lui. Ce qu'il vient de dire, en effet, il peut parfaitement l'écrire, avec les mêmes mots, dans le même ordre, en toute banalité ; cela ne présente aucune difficulté, il lui suffit de savoir l'orthographe ; — *I went for a ride... We had great fun...* » C'est parfait, cela coule de source et ne lui a demandé aucune torture intellectuelle.

Le petit Français ? « On a fait une balade... On s'est bien marrés !... » Ah ! mettre cela sur le papier est une tout autre histoire !

« Nous avons fait une promenade... Je suis allé me promener à bicyclette... »

Bon, passe encore. « On s'est bien marrés ! » Ah ! que dire ? « Nous avons bien ri » n'est pas très exact. « Nous nous sommes bien amusés »... Ouais... C'est un peu plat... De toute façon, il doit d'abord chercher et traduire dans une autre langue ce qu'il vient d'exprimer spontanément à haute voix. En fait, s'il est bon élève, à douze ans, il y a de fortes chances pour que sa relation orale devienne en « rédaction » bien notée quelque chose dans le genre :

« Dimanche dernier, mes camarades et moi décidâmes d'aller faire une promenade à bicyclette. Quelle joie ! Nous nous amusâmes comme des fous ! Nous choisîmes une route déserte et ombragée qui s'enfonçait dans la campagne, et nous arrivâmes à un petit village... »

Très bien ! C'est la bonne note assurée ! Oui, mais à quel prix ! Et puis ce compte rendu officiel en langue style XIXe siècle n'a presque plus rien à voir avec l'expérience vécue. La preuve c'est que, s'il s'exprimait de la sorte devant les camarades en question, ils lui riraient au nez. Bref, on passe là par une convention de langage, qui fait peut-être le charme de notre bon vieux français, mais qui fait aussi l'originalité de notre enseignement.

Ces propos ne sont pas exagérés, ils viennent de l'expérience. J'ai entendu en 1967 un inspecteur départemental s'adresser en ces termes aux enseignants de tout un canton, réunis pour leur conférence pédagogique, dont le sujet était précisément la rédaction : « Et puis, mes Chers Collègues, je vous en prie, soyez exigents, n'admettez aucune familiarité ! Si un enfant emploie un mot familier dans son texte, que ce soit par nécessité, et dans ce cas, je vous en prie, exigez des guillemets ! Je ne veux pas de « copain », par exemple, à moins que le mot ne soit entre guillemets. Que ce soit bien entendu, je serai particulièrement strict sur ce point. » Alors ? Que veut-on que les enseignants fassent ? Ce ne sont pas là des conseils en passant, ce sont des ordres. Il faut savoir que de la stricte application de ces consignes dépend la note et la carrière de l'instituteur !

Copain ! Un beau vieux mot de la langue française, qui date au moins de la *Chanson de Roland* ! Banni pour la seule raison que toute la nation l'emploie à jet continu, qu'il est un mot particulièrement vivant ! Il y a de quoi rêver !...

Bien sûr, si l'enfant est particulièrement doué ou s'il appartient de naissance au milieu social *ad hoc*, on le dresse facilement à exécuter ces mômeries-là ; mais cela devient de plus en plus rare. Les enfants se lassent vite de ces traductions simultanées qui ne leur permettent de dire ni ce qu'ils pensent ni ce qu'ils croient vraiment. Alors, la plupart se dégoûtent ; vers dix, onze ans, ils prennent l'expression écrite en horreur, ce mensonge perpétuel et durement obligatoire. Ils mettent les pouces, ils se creusent les méninges : on appelle cela un blocage.

Blocage ? Tout le reste s'ensuit. Par un refus inconscient, l'enfant rejette l'orthographe, rejette l'articulation de la langue, la grammaire..., tout. Lorsqu'il lit un livre, il déchiffre une langue pour lui distanciée dans laquelle il avance souvent à coups de devinettes rapides ; il comprend le sens de l'histoire en gros, mais les mots eux-mêmes ne le heurtent pas. Autrefois, un enfant qui lisait beaucoup acquérait une masse de vocabulaire, il enregistrait les mots nouveaux qui mettaient en branle son imagination et sa mémoire. Ce n'est plus le cas. L'enfant de nos jours n'est plus en prise directe avec la langue, les mots ne l'accrochent plus. Le résultat est que les écoliers ont un vocabulaire incroyablement réduit et vague. Il faut leur présenter les mots un à un, sur un plateau — on n'en finit plus !... C'est la crise.

Parallèlement, il n'y a jamais eu autant de recherche dans le domaine pédagogique. Les chercheurs se creusent désespérément le cerveau, l'administration pond des réformes à tour de bras ! Rien n'y fait.

En vérité, c'est que l'on cherche désespérément à faire avaler à l'enfant par des moyens nouveaux une culture en porte à faux avec la vie et l'environnement actuel. Que faire ? Je ne sais pas. Je n'ai aucune solution toute faite à proposer, ce serait trop beau. Mais je crois que, tant que l'on ne dira pas clairement que la langue classique que l'on veut inculquer aux enfants est fondée sur une imposture historico-politique, on aura beau teinter la pilule de toutes les couleurs de l'arc-en-ciel, présenter le remède en sirop ou en suppositoires, cela ne changera rien à rien. La situation continuera à se dégrader, les enfants à perdre le sens du langage, les enseignants à s'arracher les cheveux, la mauvaise humeur à faire place à la rage — et aussi, accessoirement, les enfants des bourgeois instruits à devancer tous les autres par privilège de langue maternelle interposé.

Lire à la devinette

Il n'y a pas que les enfants qui aient une langue distanciée ; les adultes actuels lisent, eux aussi, non pas les mots et les phrases, mais bel et bien à la devinette, extrayant en gros le sens du message, sans s'attacher au détail. Comment expliquer autrement la venue au jour de certaines publications ? Pour ne choisir qu'un exemple, je prendrai celui des traductions, parce qu'il est commode, qu'il se prête à la méthode comparative et qu'il est, me semble-t-il, révélateur d'un état d'esprit. Certaines traductions sont écrites en un tel charabia qu'à certains moments le texte ne présente un sens que s'il est vu de loin et si l'on fonctionne par association d'idées. Au contraire, si l'on s'attache aux phrases elles-mêmes il perd alors toute signification.

Les exemples de ces inquiétantes possibilités de lecture sont nombreux. Je prendrai pour ma démonstration la traduction en français d'un ouvrage du romancier contemporain John MacGahern. Cet auteur m'intéresse parce qu'il parle des petites gens de la terre d'Irlande, paysans semblables à ceux de chez moi, et qu'il le fait dans un anglais clair, précis, un langage en images justes et vraies. Ses dialogues sont d'une authenticité crue et véhiculent l'intimité profonde de ces paysans-là. J'étais content qu'un titre paraisse en français : *Lignes de fond* [1], un recueil de nouvelles. J'allais pouvoir le faire lire

1. Editions Mercure de France.

à mes amis non anglicistes, aux gens de chez moi. Hélas ! la traduction est illisible ! Disons qu'avec de la patience on peut toujours la déchiffrer ; en gros, elle donne une vague idée des histoires qui sont racontées ; mais où sont alors les personnages, les situations précises et mordantes des nouvelles originales ? Ils ont pris un tel coup d'effet marquise dans l'aile qu'on ne les reconnaît plus — écrasés au royaume des platitudes. Evidemment, l'exemple est extrême parce qu'en plus l'auteur de la traduction ne savait pas très bien l'anglais, ce qui corse un peu l'aventure. Ainsi, dans l'une des nouvelles, le personnage principal est un jeune garçon qui va chercher un bidon de pétrole à l'épicerie et l'apporte chez une femme pour qui il fait les courses. Il est beaucoup question de ce pétrole, sauf que le traducteur a employé pour le désigner le mot « paraffine » — parce qu'en anglais ça s'appelle comme ça. Or, la paraffine est une substance blanche, solide, qui ne coule pas dans un bidon et qui ne sert ni à allumer les poêles ni à remplir les lampes à pétrole. Cela donne des phrases étranges comme :

302

« Il faut lui donner d'abord sa paraffine, dit Joe, qui, prenant le bidon, alla au baril juché dans un coin sur des blocs plats et tourna le robinet de cuivre. »

On est trop habitué, en France, à lire par-dessus les lignes pour s'arrêter à de pareils détails, ou pour s'inquiéter du sens que peut avoir une phrase comme (l'auteur parle de son père) : « Je le regardai enlever les bidons de la remorque, puis entrer dans la maison, avec le corps qui était au principe de mon voyage vers nulle part [1]. »

Mais ce qui est le plus instructif sur la mentalité d'un lecteur français — et qui pose un problème de fond — c'est la façon de rendre les dialogues populaires. MacGahern est un grand dialoguiste, son principal souci est de faire parler ses paysans de la campagne irlandaise avec les mots, les tournures qu'ils emploient vraiment. A lire ses dialogues, on entend réellement les gens parler avec leur ton et leur humeur —

1. Solution du problème : « *I watched him take the cans off the trailer, then go inside, body that had started my journey to nowhere.* »

souvent les répliques sont comme des lames de couteau. Seulement voilà, tout ça, en France, on s'en fiche royalement, c'est le mot. Pourvu qu'on ait en gros l'idée émise, cela suffit. Bref, les paysans de MacGahern, mis en français, s'expriment comme des notaires, ne loupent pas une seule négation, petit doigt en l'air, filent la phrase, font des inversions du sujet :

« Rose, les cors m'ont tourmenté à n'en plus finir aujourd'hui. Y a-t-il une chance que tu me les coupes au rasoir ? » Charmant, n'est-ce pas ?... « Il épouse demain au Louvre, Mademoiselle de... » Et c'est parti ! Même l'imparfait du subjonctif ils emploient, les cultivateurs traduits :

« ... La façon dont on parlait d'elle était une preuve certaine, à supposer qu'on eût besoin d'une preuve, que personne ne croyait sérieusement à une autre vie. » Ma chère ! C'est un paysan qui dit ça, s'il vous plaît !

C'est tellement gros qu'à certains moments le traducteur, tout de même, a eu comme un scrupule. Il a dû entrevoir que l'anglais d'origine avait un son inhabituel et il s'est dit qu'un tour patoisant, ici et là, ferait sans doute joli. Or, comme il n'a probablement jamais entendu parler un paysan de France, il s'est inventé son patois à lui ! Cela donne :

« Beaucoup fait, ces temps-ci ?

— Bricolé d'ci d'là, comme d'habitude. Passé à la vente.

— Vu quelque chose là-bas ?

— Non, la camelote habituelle. La Ferguson est partie pour cent livres. Pas même bonne à vous tirer du lit[1]. »

Je signale en passant qu'un Ferguson c'est un tracteur et qu'en aucun coin de France on ne met un tracteur au féminin ! Mais ce que je veux dire aussi c'est que nulle part personne ne s'exprime ainsi. Les campagnards ont des tournures à eux, mais absolument pas celles-ci ! Vouloir ainsi donner une sorte de vague air champêtre au dialogue est une imposture du petit bourgeois qui ne sait pas ce qu'il écrit !

1. *« At much, this weather ? Boles asked.*
   — The usual foolin' around. Went to the auction.
   — See anything there ?
   — No, the usual junk, the Ferguson went for a hundred. Not fit to pull you out of bed. »

On me dira : les mauvaises traductions abondent, pourquoi s'énerver sur celle-ci ? D'abord parce que cela en dit long sur le peu de cas que l'on fait de notre langue et sur son peu d'aptitude à rendre les choses de la vie. Parce que de tels écrits, qui en Angleterre feraient rire un écolier, ici ne choquent personne. J'ai trouvé des gens pour me dire en face : « *Lignes de fond ?* Ah oui !... c'est très beau ! J'ai beaucoup aimé !... » Vous voyez : la voix suave, la paupière mi-close sur l'œil charmé, le pouf en cuir marocain, la statuette de bois nègre au mur... — Très beau ? Pauvres diables ! Ils n'ont jamais mis les pieds dans une campagne, sauf pour y promener leur chien, et ils viennent me dire à moi ce qui est, ce qui n'est pas ? Eh oui ! et voilà pourquoi votre fille est muette.

Des guillemets comme excuses

Mais, je n'ai pas choisi de citer cette traduction pour la seule raison qu'elle est un bon exemple de ce que l'on fait en France des classes laborieuses quand, par hasard, on veut parler d'elles en littérature. Elle permet d'aborder sous un autre angle le problème, à mes yeux essentiel, que j'ai évoqué dans un précédent chapitre : celui des limites de la langue française. En fait, il n'y a pas de véritable façon de traduire le bref dialogue que je viens d'incriminer. Certes, il y aurait des à-peu-près plus présentables, mais, si l'on va au fond des choses, il faut considérer qu'au-delà des mots qui sont prononcés par les deux paysans irlandais, existe une situation qui a une atmosphère bien spéciale. Dans ce cas précis, l'un des personnages essaie de savoir quel engin l'autre a acheté, mais, selon un code, un rite paysan particulier, il se garde de poser des questions directes, pas plus que son interlocuteur ne lui répond franchement. Pour rendre entièrement cette situation, familière aux gens de la campagne, il faut transposer les personnages en France, dans un lieu précis, analogue à celui où ils sont en réalité : l'Irlande de l'Ouest. La transposition est facile à faire : il suffit de les imaginer Bretons ou Occitans. Seulement là se pose le problème de langue fondamental : dans ce cas, ils ne parlent pas français du tout. Eh oui ! cette situation, cette atmosphère je l'imagine parfaitement en Corrèze, mais si je l'imagine jusqu'au bout, le dialogue, lui, est en occitan. Si l'on va donc au fond des choses, ce dialogue n'existe pas en français pour la simple raison que la langue française n'a pas de paysans ! En occitan ? Alors c'est facile :

« *N'avetz fach un pauc, donc, anuech ?*
— Pas grand causa, tenetz, quò canja pas gaire. Soi anat un pauc en d'aquela venta.
— Avetz vist quauqua ren ?
— Non gran !... I aviá pas mas de la salopariá. Lo Ferguson es montat a cent mila. Vos estiralhá pas del liech' quela bestia ! »

Et je recrée ici, pour un lecteur occitan, l'atmosphère exacte de la nouvelle de Mac-Gahern — atmosphère que le français ne peut recréer aussi précisément parce qu'il n'entre pas chez ces hommes-là, dans cette culture-là. Pourtant, si je veux à tout prix traduire en français, et puisqu'il le faut, une solution consisterait à la rigueur, à partir de cette nouvelle situation occitane identique à l'irlandaise, à imaginer ce que pourraient dire aujourd'hui les deux paysans corréziens, à condition qu'ils se connaissent peu et que, par politesse réciproque, ils s'expriment en français — ce qui du reste introduit un élément nouveau dans la situation. Dans ce cas leur façon naturelle de s'exprimer serait l'usage d'occitanismes, et il faudrait retraduire en calque le dialogue ci-dessus. Cela donnerait la version suivante, localisée, mais que l'on ne peut alors lire par-dessus les lignes, qu'il est nécessaire au contraire d'entendre, avec l'accent, le ton chantant et évasif — tout comme il est nécessaire d'ailleurs d'entendre le dialogue original anglais avec l'accent irlandais :

« Vous en avez fait un peu, aujourd'hui ? demanda Boles.

— Pas grand-chose. Tenez, ça change pas guère. Je suis allé un peu à cette vente...

— Vous avez vu quelque chose ?

— Non pas ! Y avait pas rien que de la saloperie. Le Ferguson est monté à cent mille. Y vous ferait pas suivre quelqu'un du lit, cette bête ! »

Curieux détour pour traduire de l'anglais

rural en français terrien ! Peut-être le passage par le breton permettrait-il ici une approche plus fine... Je ne sais pas.

Le problème ainsi posé dans sa vraie dimension, je dirai un mot d'une conséquence de cette limitation de notre langue que l'on passe toujours sous silence et que les difficultés de traduction n'ont servi qu'à illustrer : je veux parler de la difficulté qu'il y a sinon de l'impossibilité, pour un écrivain, d'évoquer des scènes ou des personnages localisés en dehors du domaine français proprement dit. Je prendrai à cet effet un roman de Robert Margerit : *La Terre aux loups* [1], dont l'action se situe entre Périgueux et Limoges. Ce livre est assez exemplaire parce que l'auteur est Limousin, qu'il est excellent conteur, et qu'il retrace une chronique régionale en s'appuyant sur une histoire vraie : il s'agit du destin bizarre d'une famille de hobereaux au siècle dernier. D'autre part, le récit est en plusieurs parties : la première, extra-régionale, retrace la fin des batailles napoléoniennes et la carrière d'un colonel

1. Editions Gallimard, 1958.

de l'Empire. Jusque-là aucun problème particulier. Puis l'histoire se referme dans un castel limousin, au cœur d'un paysage oppressant, et dans le monde paysan qui l'entoure. Là, les choses ne vont plus toutes seules. En effet, tant que Margerit s'en tient au monde des maîtres, des hobereaux eux-mêmes venus d'ailleurs et de langue française, il a tout le loisir de recréer certaines atmosphères, certaines scènes, et d'inventer pour cela un dialogue convaincant. Il n'en est plus de même lorsqu'il évoque les paysans, fermiers et domestiques, qui prennent une importance croissante dans le récit, mais qui sont eux, évidemment, de langue purement occitane. L'auteur le sent : il aligne timidement quelques mots, quelques répliques en langue exacte, mais, comme il ne peut aller plus avant, il bute devant une impossibilité totale, celle de recréer en profondeur une atmosphère que, par ailleurs, il sent fort bien. Robert Margerit devient donc explicatif ; au lieu de pousser au bout son roman, il devient journaliste ; il ne peut conter les scènes qu'en traduction, et non les faire revivre.

Je citerai, vers la fin, un moment particulièrement significatif, où l'un des personnages fait mourir sa sœur de faim en la faisant passer pour folle, après qu'il ait sauvagement abattu leur frère. L'action s'est resserrée, tous les parlants français sont morts, on reste avec l'étrange paysage, l'étrange folie, et la langue occitane. Il pourrait y avoir là un moment de haute littérature, car la situation — entièrement véridique — est celle d'une tragédie authentique et non d'un quelconque drame paysan. A-t-on remarqué du reste la condescendance avec laquelle on désigne les meurtres populaires en français ? Lorsqu'un ouvrier tue sa femme c'est un fait divers, lorsqu'un paysan tue la sienne c'est un drame paysan, mais si un grand bourgeois assassine sa grande bourgeoise ça s'appelle tout de suite une affreuse tragédie ! Passons.

L'auteur de *La Terre aux loups* veut traduire l'atmosphère tendue, lourde, angoissée, qui règne chez les fermiers, alors que ceux-ci se doutent de quelque chose, et voici l'embarras dans lequel il est :

« Il parla au père Francillou, à la manière

louvoyante des paysans. Il ne fallait pas montrer sa pensée, tout en laissant à Fricassogropau la possibilité de la sentir et d'y répondre sans en avoir l'air.

« Le vieux se contenta de raconter comment s'étaient produits, devant sa fille, sa femme ou lui-même, les premiers égarements de la demoiselle. Ce qui pouvait se traduire ainsi : Ce n'est pas l'Arthur qui lui a fait quelque chose, puisqu'elle habitait avec la Marie, depuis son arrivée. Quand elle a commencé à battre la campagne, nous étions présents.

« On a donné la main pour arranger là-bas, reprit-il toujours sur le ton du récit, et on a aidé M. Arthur à installer la démoiselo. » (Sous-entendu : Cela non plus ne s'est pas fait sans que nous y veillions.) »

Seule la langue française empêche ici Robert Margerit de recréer les scènes subtiles qu'il évoque, et qui donneraient au roman une dimension qu'il n'a pas. Il est contraint d'expliquer gauchement — « Ce qui pouvait se traduire ainsi », « Sous-entendu » — ce que le dialogue authentique

rendrait vivant, et clair, et pesant, et mena-
çant. Dans un cas analogue, un écrivain de
langue anglaise peut, lui, aller au bout de
son roman. Que l'on juge, en effet, à la
page suivante, de la platitude des répliques
échangées entre Athur, qui est en train d'ac-
complir le meurtre à petit feu, et le fermier
soupçonneux qui voudrait sauver son ancienne
maîtresse :

— « Bon. Alors, dit-il en regardant Arthur
dans les yeux, il faut qu'elle soit très bien
soignée.

« — Tu vas m'apprendre ce que j'ai à
faire ?

« — Vous ne l'aimez pas. »

La colère monta au visage d'Arthur. Il
serra les poings, prêt à se colleter. Puis, haus-
sant les épaules, il s'en alla en lançant ce
simple mot :

« Imbécile ! »

Au lieu de la tragédie, on est en plein feuilleton pour âmes sensibles ! Eh oui ! l'effet
marquise, mine de rien, vous change un
croquant haineux en brave paysan typique,
une tragédie en foutaise folklorique, comme
ça, par la magie d'un verbe léger. Il en a

314

trompé d'autres, cet effet-là : je pense à Michel Peyramaure [1], autre brillant conteur (je ne parle que des Corréziens), trahi lui aussi par la belle langue, langue des autres et venue d'ailleurs, qui par crainte de faire régionaliste — tare suprême au royaume de France — ajoute des guillemets à tous les termes un peu de chez nous. Il met des guillemets comme des excuses. Parfois il pousse le scrupule si loin qu'il en place aussi aux mots de vieille souche. On n'est jamais trop prudent, aux mots du *Littré* ! Nous ne sommes, n'est-ce pas, que des colonisés de fraîche date, et le romancier qui veut parler de l'occitanie rurale ou historique se condamne, quel que soit son talent, à l'insuffisance, voire à la médiocrité. Jamais Balzac, ni Flaubert, ni Proust n'auraient été ce qu'ils sont s'ils avaient situé leurs œuvres ailleurs qu'en des terroirs authentiquement français. Quel que soit leur génie créateur, ils auraient infailliblement butté devant le même mur que l'auteur de *La Terre aux loups*.

1. *Le Bal des ribauds*.

En France, on sent bien, confusément ces limites de notre langue ; mais, pour couvrir instinctivement cette tare on parle de réalisme, de naturalisme, et l'on crache copieusement dessus. Ce n'est pas chic chez nous le réalisme, c'est même un mot dangereux, il faut transcender la chose, assumer un ordre artistique qui..., etc. Qui souvent piétine et tourne lamentablement à vide.

Parler croquant

Alors ? Eh bien ! comme disait déjà Montaigne, « que le gascon y aille si le français n'y peut aller » ! C'est pourtant loin Montaigne, avant Richelieu et sa fine équipe ! Peut-être pourrait-on commencer à tendre l'oreille à ce qui se dit réellement en français, aujourd'hui, une fois passé le dernier pavillon de la banlieue parisienne — les dernières tours. Un homme d'affaires hollandais me dit : « C'est curieux, en France, au-dessus de quatre mille francs de revenu par mois, tout le monde parle de la même façon. » C'est possible, mais cela

316

laisse une fameuse équipe dont le langage est différencié — au-dessous de quatre mille francs — des dizaines de millions de croquants d'honneur qui jasent, qui font danser la langue, qui la chantent ou qui la pleurent, mais qui existent.

Peut-être serait-il temps alors que la radio, la télévision, le cinéma et le théâtre cessent de nous découper les syllabes en tranches comme si nous sortions tous du seizième arrondissement, depuis Dunkerque jusqu'à Perpignan. Il faut reconnaître que jusqu'à présent ce n'est guère l'humeur d'ouvrir les antennes à autre chose qu'à la « belle langue » cadencée, ou alors les micros ont des filtres, ils restituent d'eux-même la mesure et le bel accent !

A l'opposé des avatars mondains du livre de MacGahern, une pièce radiophonique de D. Halliwell proposée à l'O.R.T.F. n'a pas eu droit aux mêmes yeux de velours. Comme le texte original est en anglais du Yorkshire, presque dialectal par endroits, le traducteur avait pris la peine de rechercher des équivalences, non pas en français de salon cette fois, mais en authentique parler provincial.

Il s'était donné bien du mal pour capter un ton, un rythme quasi auvergnat, par le procédé évoqué plus haut, de façon à conserver aux personnages toute leur épaisseur bourrue. Oui mais !... la pièce lui a été retournée par l'Office avec ce commentaire : « C'est amusant, mais la traduction est lourde, répétitive, épaisse, sans doute difficile à suivre. Est-ce audible ? J'en doute. » Il n'y a pire sourd que celui qui refuse d'entendre. C'est ainsi que les dramatiques de toutes chaînes susurrent les situations les plus invraisemblables sans que jamais on songe à adapter les textes et les voix à ceux qui sont réellement censés les avoir. Certains feuilletons de télé ont beau partir un peu en province, mettre en image de vagues laboureurs ou des artisans imprécis, la langue ne change jamais ! C'est tout de même un comble qu'un feuilleton puisse se passer disons à Limoges, mettre des foules prolétaires en action, et que la diction de tous ces soi-disant Limousins n'en soit pas altérée d'une miette, qu'ils aient tous l'accent des « vieilles familles de la bourgeoisie parisienne » ! Non ? Ce n'est pas un peu bizarre, sur les bords ?...

Dans les autres pays, lorsqu'on montre des gens on les fait parler avec leur accent, leurs manières propres. Il ne serait pas concevable de faire un film sur l'Ecosse avec des personnages qui s'exprimeraient tous en anglais royal. En France, aucun problème : c'est encore Versailles à tout prix !

C'est que nous avons des traditions ! La radio, puis la télévision, le cinéma inclus ont pris à leur compte les habitudes du théâtre qui est, lui, authentiquement parisien depuis toujours. En effet, où trouverait-on chez nous les comédiens capables de jouer un rôle avec un accent limousin ou lillois ? La formation d'un acteur en Grande-Bretagne consiste aussi à s'exercer à prendre des accents divers — dans un film comme *Family Life* de Ken Loach, les personnages parlent avec l'accent qui est celui des régions d'où ils viennent, et ils sont interprétés par des comédiens hautement professionnels, tout comme du reste dans *Orange Mécanique*, etc. Cela permet un subtil jeu de nuances et d'accéder à un degré de vérité qui demeure sensible même à un spectateur qui ne comprend pas l'anglais. Mais, en France, la

319

formation d'un acteur consiste au contraire à le débarrasser de toutes sortes d'accents, si par hasard il en avait un à l'origine... Il passe quelquefois deux ou trois ans, le malheureux candidat aux planches, à acquérir la diction sophistiquée requise, à se faire, en dehors des lieux et du temps, une belle voix de théâtre qui imite la prononciation officielle dont il ne lui sera plus permis de s'écarter. Permis ?... On veille jalousement à ce qu'il en soit ainsi. Un comédien ne peut pas faire de la radio, par exemple, sans passer un examen qui consiste à déterminer si sa prononciation est bien réglementaire. C'est vrai ! J'ai l'air de dire n'importe quoi pour faire drôle, mais je n'invente rien, cela existe ! Il existe une commission d'homologation qui délivre une carte, laquelle carte témoigne que le comédien qui la possède a une voix conforme à celles de la « bonne société parisienne », ce qui seul lui donne le droit de faire de la radio.

Alors ? Où veut-on que les réalisateurs trouvent les comédiens ? Ils sont bien obligés de faire parler leurs personnages, fussent-ils Alsaciens ou illettrés, avec la même voix que celle du marquis de Parciparla. C'est là un grave problème de main-d'œuvre en somme — de « langue d'œuvre » si l'on veut. On va être obligé d'employer des acteurs émigrés !

Pourtant, lorsque au hasard d'un reportage ou d'une interviouve on entend s'exprimer des gens véritables, avec leurs vraies paroles et leurs voix authentiques, on est surpris de la fascination qu'ils provoquent. Les plus beaux rôles pâlissent sérieusement en comparaison — je prends à témoins ces derniers films : *Le Chagrin et la pitié* et *Français, si vous saviez.*

Alors ? Il faut essayer une chose d'urgence : il faut donner la parole aux Français. Ils abîmeront tout... ? Ça les regarde. Ils parleront croquant... ? Et puis après ! C'est un choix : parler croquant ou parler anglais !

Table des matières

ACHEVÉ D'IMPRIMER
LE 3 MAI 1985
SUR LES PRESSES DE
L'IMPRIMERIE HÉRISSEY
À ÉVREUX (EURE)
POUR LE COMPTE DES ÉDITIONS STOCK
14, RUE DE L'ANCIENNE-COMÉDIE, PARIS-6e

Imprimé en France

Nᵒ d'Éditeur : 4930
Nᵒ d'Imprimeur : 37310
Dépôt légal : Mai 1985
54-33-2584-02
ISBN 2-234-00825-5